KB240741

빛깔있는 책들 102-50

# 청동기 문화

글, 사진/이건무

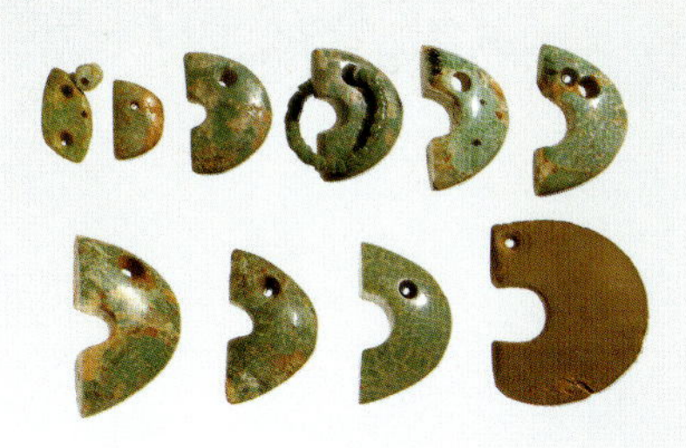

대원사

이건무 ——————————
서울대학교 고고인류학과를 졸업한
뒤 고려대학교 대학원에서 박사학위
를 받았다. 국립중앙박물관 고고부장,
국립광주박물관장, 국립중앙박물관 학
예연구실장을 역임하였고 현재 국립
중앙박물관 관장으로 있다. 1994년에
는 한국고고미술연구소에서 주관하는
동원학술논문상을 수상하였다. 주요
논문으로 「한국 청동 의기의 연구」,
「유문동과고」, 「한국식동검문화의 성
격」, 「한국식동검의 조립식 구조에 대
하여」, 「한국의 청동기 문화」, 「한국
청동기 문화의 성립과 전개」 등 수십
편이 있다.

사진 도움 주신 이 ——————————
국립중앙박물관, 한석홍

# 청동기 문화



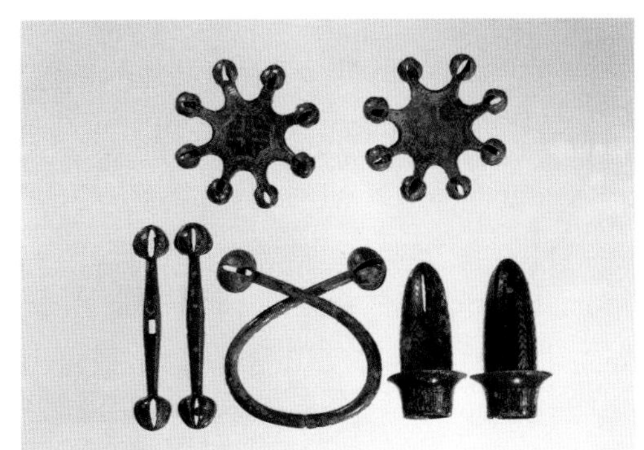

# 청동기 문화

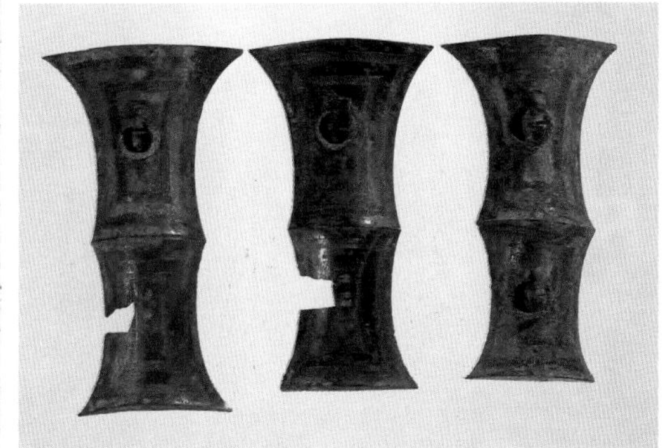

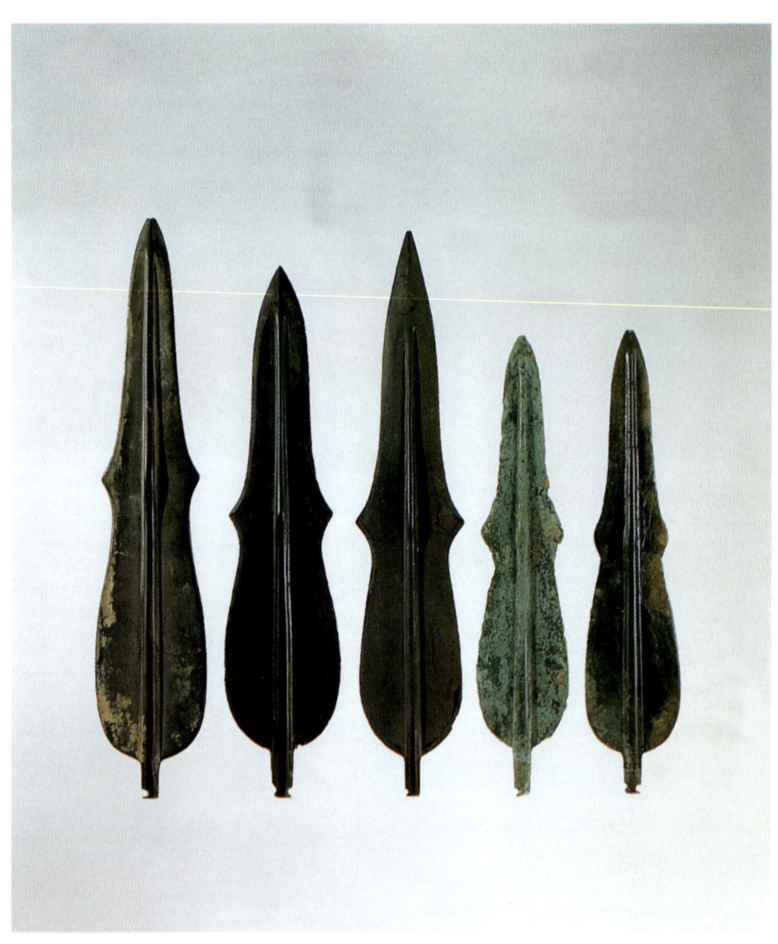

요령식동검

# 머리말

농경과 목축의 시작, 정주 생활, 토기와 마제석기(磨製石器)의 사용, 직조의 시작 등 인류사에 있어 큰 변화를 가져온 신석기시대가 끝나갈 무렵 새로이 청동기(靑銅器)시대가 도래하게 된다. 이 새로운 시대가 열리게 된 가장 큰 배경은 야금술(冶金術)의 출현이라고 할 수 있다.

구리는 인류가 금(金)에 이어 두 번째로 사용한 금속으로, 처음에는 자연적으로 얻어진 구리〔自然銅〕를 두드려 펴서 핀이나 송곳 같은 작고 간단한 장신구나 도구를 만들었으나, 광석에서 금속을 뽑아 정제하거나 합금을 만드는 제련법(製鍊法)과 녹인 금속을 거푸집에 부어 물건을 만드는 주조법(鑄造法) 등의 제조 방법과 기술 수단 즉 야금술이 개발되면서 이 새로운 기술 혁명과 함께 새로운 세계가 열리게 되었다. 이 야금술을 주도한 것이 바로 구리〔銅〕와 주석(朱錫)의 합금인 청동의 제작이다.

청동을 만들어내려면 광산에서 광석을 캐내고〔採鑛〕, 광석에서 원하는 광물을 뽑아내고〔精鍊〕, 각 광물을 적절하게 배합하고〔合金〕, 녹여서 배합한 광물을 만들고자 하는 제품의 형태가 새겨진 거푸집에 부어내는 일〔鑄造〕 등의 복잡하고도 전문적인 공정을 거쳐야 한다. 따라서 야금술은 많은 새로운 지식을 수반하게 되고 이에 따른 기술의 발전은 산업의 발전과 교역의 증대를 가져오는 등 사회 전반에 걸쳐 큰 변혁을 이루게 되어 분업적·계급적 조직사회로 들어서게 된다. 이러한 청동기 문화가 갖는 의미는 여러 가지가 있겠으나 가장 큰 의미는 지식의 진보로 문명을 향한 길이 열렸다는 점이다.

이 책은 우리나라 청동기 문화에 대한 입문서로 꾸며진 것이나 전문가를 대상으로 한 것이 아니라 보다 쉽고 일반적인 내용을 담았다. 먼저 청동기라고 하는 것이 무엇인가를 알아본 뒤 우리나라 청동기 문화의 기원이 어디에 있고 그 성립 과정은 어떠하며 청동기시대의 생활상과 청동기 문화의 특성은 무엇인가를 살펴보는 순서로 구성하였다. 또한 청동기의 제작 기술에 대해서도 따로 다루었다.

# 청동기란 무엇인가

청동기시대의 문화에 대해서 이야기하기 전에 청동기가 무엇인가를 알고 넘어 가는 것이 순서일 것이다. 청동은 구리합금 중 대표적인 것으로 구리와 주석의 합금을 말한다. 고대에는 여기에 납이나 아연 등의 금속이 섞이는 경우도 있었다. 구리는 연성(延性, 길게 늘어나는 성질)과 전성(展性, 얇게 펼 수 있는 성질)이 있으며, 주석은 구리에 비해 신장력(伸張力)과 경도(硬度)가 있다.

청동은 주석의 양에 따라 연신성(延伸性, 쇠붙이가 끊어지지 않고 늘어나는 성질)과 경도가 변하게 되는데, 대체로 주석이 5퍼센트 이내면 연신성이 20퍼센트 정도로 가장 좋으며 25퍼센트 이상이면 연신성이 거의 없어진다. 또한 경도는 주석이 10여 퍼센트 이상 섞이면 좋아지기 시작하여 30퍼센트 정도가 되면 가장 좋아진다. 따라서 구리 자체의 전연성(展延性)을 어느 정도 유지하면서 경도도 좋은 청동은 주석이 13~18퍼센트 정도 섞였을 때라고 할 수 있다. 구리의 녹는 온도(熔融點)는 1,083도이며 주석의 녹는 온도는 232도이다. 구리에 주석 13퍼센트가 섞이면 녹는 온도가 830도가 된다. 그러므로 청동은 구리에 비해 녹는 온도가 낮고 경도가 좋다는 장점이 있다.

주석이 섞인 양에 따라 청동의 색에도 변화가 있다. 즉 구리 빛깔은 주석이 섞이게 됨에 따라 점차 황색을 띠며, 30퍼센트 이상 섞이면 은백색을 띤다. 고대에는 이러한 청동 합금의 경도, 녹는점, 색깔 등의 성질을 이용하여 나름대로 사용하기에 적합한 도구를 만들었다. 즉 무기에는 경도를 중요시하고 거울이나 방울과 같은 의기(儀器, 의례나 의식에 사용된 도구)에는 빛의 반사를 고려하여 색깔을 중시하였다. 고대 중국의 주(周)대에도 쇠붙이〔金, 즉 銅을 말함〕의 육제(六齊, 여섯 가지의 합금 규격)라고 하여 구리에 대한 주석의 비율을 의기〔鐘鼎〕·무기류〔斧斤·戈戟·大刃·削殺矢〕·거울류〔鑒燧, 볼록·오목거울〕의 특성에 따라 달리하도록 하였다.

자연계에 존재하는 동광석(銅鑛石)은 자연동광·산화동광·유화동광 등 약 165종 가량이 된다. 우리나라에서는 황동광이 주채광 대상 광물이다. 주석의 주요 광석은 주석석(朱錫石)이다. 전기석·형석 등과 함께 산출되며 사광(砂鑛)으로도 산출된다. 이렇듯 청동 합금에 사용되는 주석은 합금의 세기를 높여 주고 쉽게 부식되거나 닳지 않도록 하며, 이 밖에 납이나 아연도 내구성과 주조성 그리고 주조 후 뒤처리 등

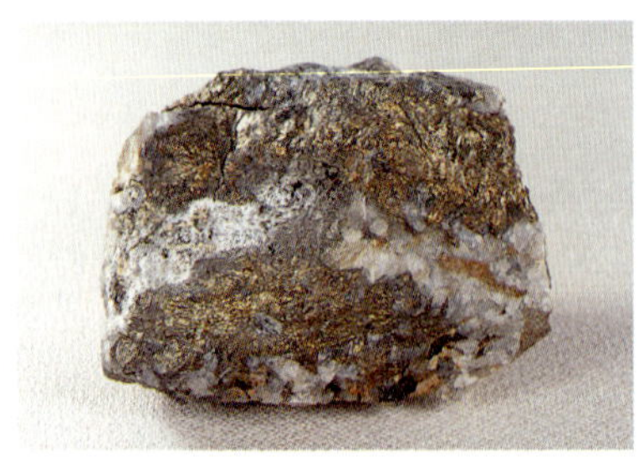 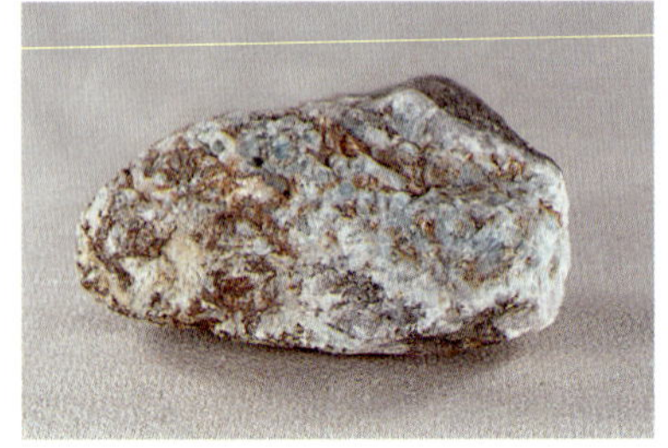

**황동광**(왼쪽)**과 녹주석**(오른쪽)  자연계에 존재하는 동광석은 산화동광·유화동광 등 약 165종이나 되며, 우리나라에서는 황동광이 주채광 대상 광물이다. 주석석은 전기석·형석 등과 함께 산출되며, 청동은 주석이 섞인 양에 따라 색과 경도가 달라진다. 사진:이화여자대학교 자연사박물관

에 유용하다.

청동기는 석기나 뼈뿔연모〔骨角器〕 등에 비해 여러 가지 장점을 가지고 있다. 이를 살펴보면  첫째, 용해성이 우수하여 재료의 형태나 크기에 제한을 받지 않는다. 석기나 뼈뿔연모는 만들고자 하는 도구의 원료인 돌이나 뼈, 뿔의 크기와 형태에 따라 제한을 받을 수밖에 없다. 그러나 청동은 녹은 쇳물을 거푸집에 부어 만드는 것이기 때문에, 제작자가 의도하는 어떠한 형태나 크기대로 만들 수 있다. 둘째, 석기나 뼈뿔연모보다 견고하고 날을 세우기가 용이하다. 즉 견고성(堅固性)과 활용성(活用性)이 뛰어나다. 셋째, 파손되면 갈거나 녹여서 다시 만들 수 있는 재활용성을 가지고 있다. 부러진 무기, 예를 들면 동검(銅劍) 같은 것은 갈아서 그 크기에 알맞은 끌이나 화살촉 같은 도구나 무기로 재생산되고, 다시 녹여서 거푸집에 부어 넣으면 새로운 도구를 만들 수 있기 때문이다.


## 청동기시대의 개념

고고학에서는 일반적으로 선사시대를 구석기시대, 신석기시대, 청동기시대, 철기시대 등의 네 가지 문화 단계로 구분하고 있다. 여기서 '시대'라는 말이 시간의 한 부분 즉 절대연대(絕對年代)를 구분하는 한 가지 방법이라고 생각할지 모르나, 실제로는 연속되는 고고학적 시간 속에서 한 단계를 의미하는 것에 지나지 않는다. 또한 고고학자가 정해 놓은 시대는 대체로 경제적인 단계와도 일치하는 경향이 있어서 각 시대는 경제혁명과 함께 시작되었다고 할 수 있다.

고고학적인 시대 구분은 크게 두 가지로 나뉘는데, 하나는 기술사적인 분류이고, 다른 하나는 일반사적인 분류이다.

## 기술사적인 분류

인류의 문화 발전 단계를 기술의 진보, 특히 주요하게 사용된 이기(利器)의 재질에 의해 구분하는 분류로, 덴마크의 톰센(C. J. Thomsen, 1788~1865년)이 1836년에 제창한 '삼시대법(三時代法)'이 최초의 기술사적인 분류이다. '삼시대법'은 인류의 과거 문화 단계를 석기시대, 청동기시대, 철기시대로 나누고 이 세 시대가 연대적으로 연속성을 가지고 일어나게 되었다는 가설(假說)이다.

이 가설은 당시 신설된 코펜하겐 북방고물박물관의 수집물을 정리하던 톰센이 한 시대의 유물을 한자리에 모아 놓으려고 하다가 생각해낸 것으로, 직접적으로는 역사가 베델 시몬센(Vedel Simonsen)에게서 영향을 받았으며, 멀리는 고대 로마의 시인이었던 루크레티우스(Titus Lucretius Carus, 기원전 99~기원전 55년 ?)의 세계론에서 영향을 받았다고 한다. '삼시대법'은 그후 유적 발굴 조사에 의해 층위(層位)별로 확인되어 '역사적 사실'로 인정받게 되었다.

이후 1865년에는 영국의 러보크(J. Lubbock)가 톰센의 석기시대를 석기 제작 방법의 차이를 분류 기준으로 하여 다시 '구석기시대'와 '신석기시대'로 구분하여, 구석기시대-신석기시대-청동기시대-철기시대의 네 시기로 나누는 '사시대법'이 사용되게 되었다. 이 '사시대법'은 최근까지 고고학 시대 구분의 근간을 이루어 왔다.

이러한 기술사적인 시대 구분으로 보면 청동기시대는 '삼시대법'의 두 번째 단계, '사시대법'의 세 번째 단계에 해당되며 청동 무기의 발달과 전력(戰力)의 강화를 특징으로 한다. 그러나 이러한 시대 구분은 그 적용 범위가 대체로 스칸디나비아를 비롯한 북유럽 일대로 한정되어 있고, 아프리카에서는 청동기시대가 생략되었으며, 오스트레일리아에서는 석기시대가 18세기 들어 영국의 식민지가 되면서 끝나게 되는 등 지역마다 차이를 보인다는 약점을 지니고 있다. 따라서 본래의 기준

관념을 떠나게 되었으며, 전혀 관계가 없는 형식학적, 연대학적, 문화적, 경제적 용법이 부여됨으로써 본래의 의의가 상실되었다.

## 일반사적인 분류

요즈음에는 기술 이외에도 생계, 사회, 건물, 운반, 교역, 종교, 미술, 문자 등 모든 분야의 특징을 종합해서 시대를 설정해야 한다는 일반사적인 분류 방법이 대두되고 있다. 일반사적인 분류에 의한 청동기 시대의 특징은 다음과 같다.

기술—청동 야금술의 출현과 물레〔陶車〕의 사용
생계—동물의 힘을 이용한 견인 쟁기에 의한 농경〔犁耕〕과 농경을 위한
　　　관개 시설의 설치
사회—성채(城砦) 도시의 성립 및 계급과 분업의 발생
건물—궁전 건물
운반—배〔帆船〕와 수레의 사용(풍력과 가축력을 이용, 계속적인 힘을 지
　　　배하고 관리)
교역—화폐와 도량형의 사용
종교—신전 건물
미술—각종 공예품의 제작
문자—문자의 사용

이 밖에 소련 고고학계의 '전(前)계급사회—계급사회—사회주의사회'와 같은 발전단계적 시대 구분이나, '원시 문화—괭이농경〔耨耕〕문화—농민·촌락 문화—도시 문화'와 같은 문화단계적 시대 구분도 있으나 세계 학계에 정착된 일률적인 시대 구분은 없다.

우리나라에서도 시대 구분에 대해서 여러 가지 논의가 있어 왔으나

기술사적인 분류가 일반적이며 선사시대의 구분은 대체로 '사시대법'에 따르고 있다. 인류의 기술적 진보가 이기의 재질에 가장 민감하게 나타난다는 점에서 보면 이러한 기술사적인 분류가 가능하다고 할 수 있다. 즉 청동기의 출현이 '청동기시대'의 시작으로 연결된다고 보는 것이다.

과거 일본학자들은 우리나라에서 청동기와 철기가 석기와 함께 사용되는 소위 금석병용기(金石倂用期)가 있었다고 보고 청동기시대의 존재를 인정하지 않았다. 그러나 해방 후 우리 학계의 꾸준한 연구와 새로운 유적과 유물의 발굴·발견 등에 의해 우리나라의 청동기시대와 그 문화에 대한 내용은 상당히 자세하게 밝혀졌고, 편년(編年, 유적·유물 또는 이들의 집합에 대한 시간적 배열)도 어느 정도 근거를 지니게 되었다.

그러나 아직도 해결해야 할 어려운 문제가 많이 쌓여 있는데, 청동기시대와 무문토기(無文土器) 문화의 시작이 일치하는가에 대한 시대 설정(設定)상의 문제, 청동기시대를 앞에서 말한 기술사적인 관점에서 볼 것인가 아니면 사회의 여러 특징을 종합적으로 파악하는 일반사적인 관점에서 볼 것인가 하는 문제가 바로 그 중의 하나이다. 현재로서는 청동기의 출현이 무문토기의 등장보다 다소 늦었다고 보는 견해가 우세한 편이지만 그 폭은 새 자료들에 의해 점차 좁아지고 있어 청동기시대와 무문토기시대의 시작을 거의 같이 보고 있는 추세이다. 또한 청동기시대라는 개념은 기술사적인 면에서 보면 청동 도구의 제작이 우선하겠지만, 일반사적인 면에서 보면 야금술의 출현 이외에도 앞에 열거한 여러 내용이 전제되어야 한다.

현재 우리나라 고고학 조사 수준과 성과 면에서 볼 때는 우리의 청동기 문화 단계가 일반사적인 분류에 따른 청동기시대 범주에 들지 못한다고 할 수 있다. 그러나 방어 시설이 설치된 대단위 마을[聚落]의 존재, 밭농사와 논농사를 포함한 농경의 발달, 청동기의 생산 그리고 청동기 제작 기술 과정을 통해 유추할 수 있는 분업과 계급의 가능성 등을 놓고 본다면 다소 미흡하지만 일반사적인 면에서도 청동기시대의 설정이 가능하다. 또한 일반사적인 내용이 전 세계적으로 각 지역에 공통될 수 없다는 점으로 볼 때도 그렇다. 이 글에서도 일단 '사시대법'의 청동기시대 개념을 따르도록 하며, 또한 편의상 무문토기 문화의 시작부터 철기의 등장 이전까지를 '청동기시대'로 보도록 한다.

## 야금술의 출현

세계의 고대 문명 가운데 야금술이 최초로 시작된 곳은 메소포타미아 지방으로, 거의 기원전 7,000년 중반까지 올라가는 것으로 알려져 있다. 북(北)메소포타미아의 신석기시대 문화인 하수나(Hassuna)문화에서 이미 구리광석과 구리가 도구나 보석으로 사용되었다. 그 뒤를 이은 기원전 6,000년의 할라프(Halaf)문화에서는 구리가 경제 면에서 큰 역할을 못하였는지 그다지 발견되고 있지 않다.

기원전 4,000년 메소포타미아에서는 야금술이 크게 발전하였는데, 구리 이외에도 새로운 합금 방법이 알려져 순동(純銅)보다 단단하고 주조하기 쉬운 구리비소합금을 만들게 되었고, 실랍법(失蠟法, lost-wax casting)에 의한 주조 방법도 알려졌다. 그러나 구리와 주석의 합금인 청동이 일반화된 것은 기원전 2,000년에 들어선 뒤이다.

중국에서도 기원전 5,000년 섬서성 임동현(臨潼縣) 강채(姜寨) 앙소(仰韶)문화 유적의 집자리에서 구리 조각이 발견되어, 이 시기에 야동술(冶銅術)이 발명되었을 가능성이 높다. 또한 기원전 4,000년 말 또는 3,000년 초인 앙소문화 만기의 유적인 감숙성 동향현(東鄉縣) 임가(林

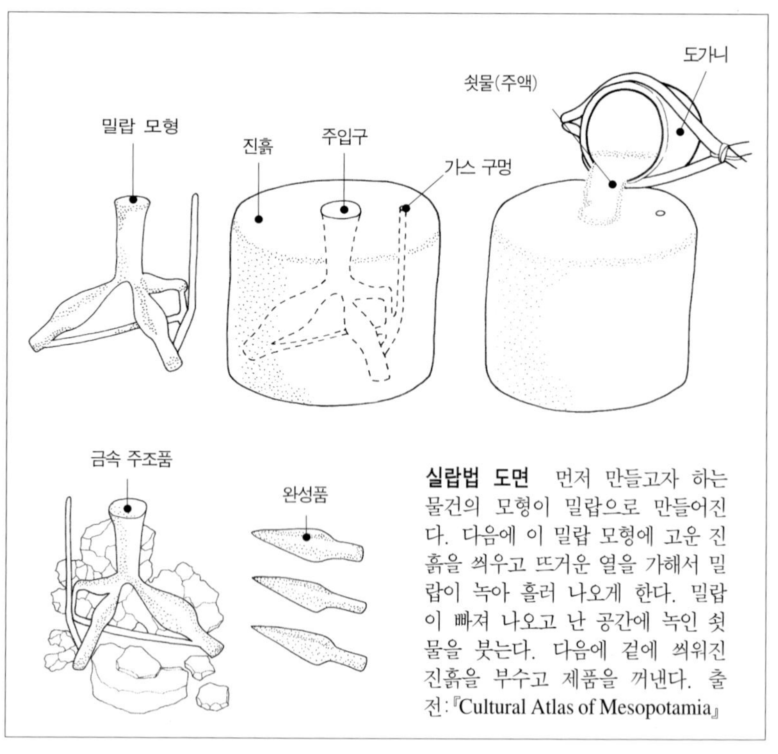


**실랍법 도면** 먼저 만들고자 하는 물건의 모형이 밀랍으로 만들어진다. 다음에 이 밀랍 모형에 고운 진흙을 씌우고 뜨거운 열을 가해서 밀랍이 녹아 흘러 나오게 한다. 밀랍이 빠져 나오고 난 공간에 녹인 쇳물을 붓는다. 다음에 겉에 씌워진 진흙을 부수고 제품을 꺼낸다. 출전:『Cultural Atlas of Mesopotamia』

家) 마가요(馬家窯) 유형의 유적에서는 청동손칼이 발견된 바 있어 이 시기에 청동기시대로 진입하였을 가능성이 높다. 그러나 앙소문화에 이은 용산(龍山)문화(기원전 2,600~기원전 2,000년) 시기에 들어서야 동기의 발견이 비교적 많으며 야동술과 관련된 유물들도 발견된다.

중국에서 본격적으로 청동기시대에 들어서는 것은 기원전 21세기경으로 황하 유역의 이리두(二里頭)문화 시기이다. 또한 우리나라 청동기 문화와 관련이 깊은 중국의 동북 지방에서도 이와 비슷한 시기에 하가점하층문화(夏家店下層文化)라는 청동기 문화가 시작되었다. 이 밖에 최근에는 동남아시아에서도 타이의 반·치앙(Ban Chiang) 유적 등이 그 연대 측정에서 기원전 4,000~3,000년으로 밝혀졌으나 아직 자료가 부족한 편이다.


## 청동기 문화의 기원

기원전 1,000년경에 신석기시대의 빗살무늬토기[櫛文土器]를 중심으로 하는 문화가 끝나고 새로이 무문토기를 중심으로 하는 문화가 나타나게 되는데, 이 문화는 남부 지역에서는 대체로 원삼국시대 초기의 소위 와질토기 문화(삼한 문화)와 교체되는 기원전 1세기까지 존속하였으며 북한에서도 기원전 2세기까지는 존속한 것으로 여겨진다.

이 무문토기를 사용한 주민들은 생활 근거지로 낮은 구릉 지대를 택하였고, 앞 시대의 빗살무늬토기를 사용한 사람들은 강가나 바닷가에서 생활하였기 때문에 서로 다른 계통이라고 여겨져 왔다. 즉 두 문화 사이에는 주민의 출자(出自)가 다르기 때문에 생업, 무덤, 토기 등에 많은 차이를 보인다는 견해이다. 물론 두 문화의 내용을 비교·검토해 보면 분명히 많은 차이를 보이고 있는 것이 사실이다.

그러나 최근의 고고학 자료를 통해 보면, 무문토기 문화 내용 속에 빗살무늬토기 문화의 요소가 적지 않게 남아 있어 두 문화의 차이가 반드시 주민의 교체를 의미하는 것은 아니라고 할 수 있다. 예를 들면 평안도·황해도를 중심으로 한 서북 지방의 대표적인 무문토기인 팽이형 토기나 동북 지방의 대표적인 무문토기인 구멍무늬[孔列文]토기는 형태나 무늬 그리고 바탕흙[胎土] 등에서 빗살무늬토기의 전통을 강하게 엿볼 수 있고, 도끼·끌·대패날 등의 공구류와 반달칼·갈돌[磨石棒]과 갈판[碾石]·곰배괭이 등의 농구류 그리고 화살촉·창끝 등의 무구류(武具類) 등 각종 석기의 형태에 있어서도 신석기시대 말기와 같은 것들이 많기 때문이다.

아직 빗살무늬토기 문화와 무문토기 문화의 교체가 언제 어떻게 시작되었는지 구체적으로 밝히기는 어렵다. 아마 우리나라의 북쪽 지방과 중국 동북 지방 일대의 무문토기 계통의 문화를 가진 주민이 한반도로 들어와 선주민(先住民)과 접촉하면서 문화 교류를 통해 동화하는 과정을 밟지 않았을까 추정하고 있다.

한편 북한 학계에서도 청동기 자체의 출현보다는 마제석기 제작 기술의 발전과 보급, 갈색 무문토기로의 변화, 무덤의 구조 등 전체 문화에서 보이는 변화에 초점을 맞추고 있다. 또한 무문토기 문화와 동질성을 갖는 문화가 중국 동북의 요동 지방과 압록강 중·상류 및 송화강 유역 그리고 두만강 유역까지 분포되어 있고 그 유적들에서 출토된 유물 가운데 일부가 중국 용산문화와 관련이 있음을 들어 청동기시대의 시작을 기원전 2,000년 전반까지 끌어올리고 있다. 남북한 학자들 사이에 연대를 비롯한 몇 가지 견해 차이가 있고, 지역적으로도 특성과 불균형성이 보이고 있지만 대체로 기원전 10세기경에는 청동기시대로 들어선 것으로 추정할 수 있다.

청동기시대에는 오늘날과 같이 영역이 뚜렷하게 정해지지 않았기 때문에 한반도만으로 지역을 국한시킬 이유가 없다. 현재까지의 고고학 자료에 의하면 우리의 청동기 문화와 가장 관련이 깊은 지역은 중국의 동북 지방인 요령성과 길림성, 흑룡강성 등 소위 동북3성(東北三省)으로 불리는 지역이다. 이 지역들에서는 무문토기로 분류할 수 있는 토기들과 반달칼〔半月形石刀〕, 돌도끼〔磨製石斧〕, 곤봉두(棍棒頭) 등의 마제석기 그리고 활석제의 청동기 주조용 거푸집〔鑄範〕·동검·투겁창(창 밑동에 자루를 끼울 수 있도록 투겁이 달린 창)·도끼 등의 청동기 관련 유물이 출토되고 있으며 돌널무덤·고인돌·널무덤 등의 무덤 형태도 발견되고 있어 우리나라 청동기 문화 내용과 상통하는 부분이 많다. 따라서 우리 청동기 문화의 기원은 우선적으로 이들 지역에서 찾아야 할 것이다.

특히 이들 지역과 한반도의 청동기 문화는 요령식동검(遼寧式銅劍)이라는 특이한 형태의 동검이 공통적으로 나타나고 있어 상호간에 밀접한 관련이 있음을 알 수 있다. 이 동검은 날이 선 부분〔刃部〕이 곡선을 그리는 특이한 형태로 전체 모습이 비파라는 악기와 닮았다고 해서 비파형동검으로도 불린다. 칼몸〔劍身〕과 칼자루를 따로 만들어 결합하여 사용하게끔 되어 있는 조립식(組立式) 동검으로 다른 지역에서 출

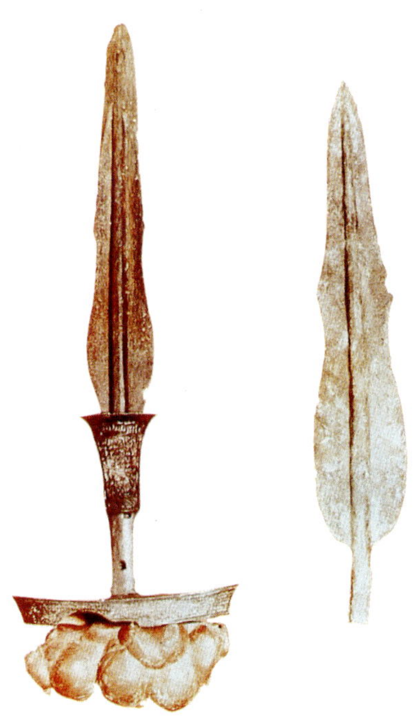

**요령식동검** 동검이 전체적으로 비파 모양을 하고 있다. 칼몸과 칼자루 그리고 칼자루장식을 각기 따로 제작한 뒤 조립하여 사용하게끔 되어 있다.

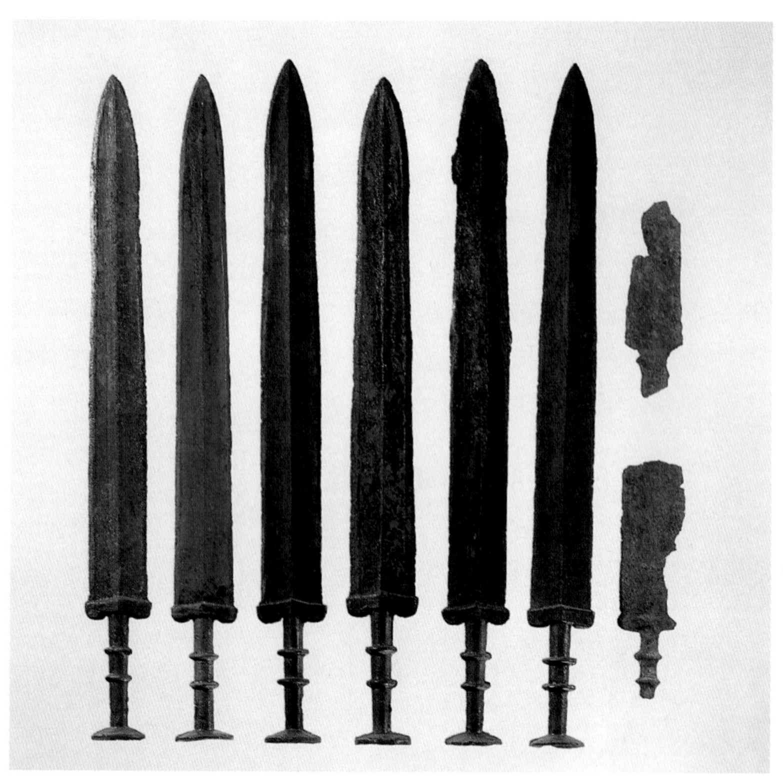

**중국식동검** 요령식동검보다 비교적 길이가 길고 칼몸과 칼자루가 한 번에 주조된 것이다. 칼자루 중간에 둥근 돌기 장식 두 개가 달린 것이 많다.

토된 동검들과는 차이를 보인다.

중국 동북 지방 이외에, 한족(漢族)의 발상지인 황하 유역을 중심으로 하는 중원(中原) 지구에 하(夏)왕조 시기부터 춘추(春秋)시대 말에 이르기까지 소위 중원 지구 청동기 문화가 지속되어 왔는데 이 문화는 제례와 의식에 사용하는 청동기를 중심으로 하고 있어 앞의 동북 지방 문화와는 차이를 보인다. 중원문화에서 보이는 동검은 춘추시대 전기

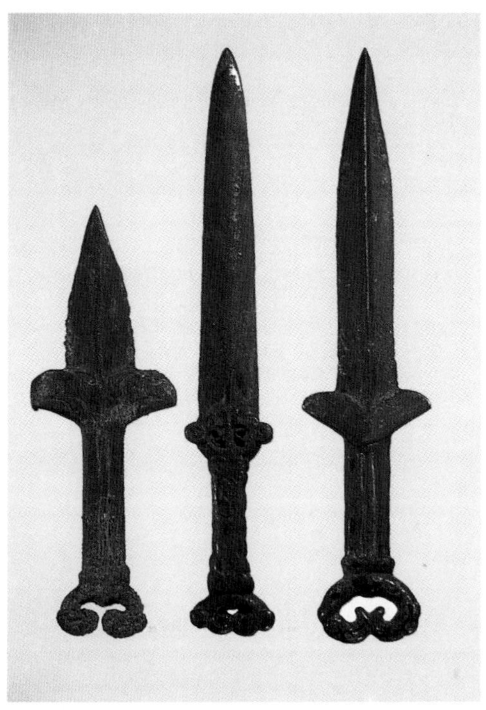

**오르도스식동검** 중국 서북방의 오르도스 지역을 중심으로 퍼져 있던 청동기 문화의 대표적인 동검이다. 길이 20센티미터 내외의 단검으로 칼몸과 칼자루가 한 번에 주조되었으며 칼자루 끝에는 방울이나 둥근 고리 또는 대칭된 동물의 문양을 장식한 것이 많다.

이래로 사용된 중국식동검이 특징적이다. 칼몸과 칼자루가 함께 주조된 것으로 요령식동검과는 큰 차이를 보인다.

한편 중국 서북방 오르도스(Ordos) 지역에도 기마민족에 의해 초원지대에 널리 퍼져 있던 동물 문양을 중심으로 한 독특한 청동기 문화가 존재하였다. 오르도스 청동기 문화는 후에 흉노계 문화로 연결되는데, 이 문화에서 보이는 오르도스식동검 역시 칼몸과 칼자루가 함께 주조된 소위 일주식(一鑄式) 동검이며 칼자루 끝에 대칭된 동물 문양을 주로 장식한 독특한 단검이라 앞에서 말한 동검들과는 차이가 있다.

우리나라는 대륙에 붙어 있는 반도라는 지리적 조건에 의해 끊임없이 대륙의 문화가 흘러 들어와서 앞의 문화들과 관련이 깊을 수밖에 없다. 초기 청동기 문화는 세부적으로는 차이를 보이지만, 큰 틀에서 볼 때는 중국 동북 지방 일대와 한반도에 걸쳐 기원전 1,000년 전반에 형성된 요령식동검문화권에 속한다고 할 수 있으며, 그 기원도 이 문화권에서 찾아야 할 것이다.

이후 우리나라의 요령식동검문화는 얼마 동안 지속되다가 중국 중원 지구 청동기 문화 요소와, 오르도스 지역을 통해 북방 청동기 문화 요소도 받아들여 새로운 청동기 문화를 성립하게 된다.

# 청동기시대의 생활상

우리나라의 청동기 문화는 집자리의 형태와 무문토기 그리고 석기 등을 통해 볼 때 크게 전기·중기·후기의 3기로 나누어 볼 수 있으며, 청동기를 기준으로 하면 전기(요령식동검문화기)와 후기(한국식동검문화기)의 2기로 나누어 볼 수 있다.

여기서는 편의상 청동기시대를 시기별로 나누지 않고 생활상을 설명하고자 하며 청동기에서만 요령식동검문화기와 한국식동검문화기로 나누어 설명하려고 한다.


## 마을〔聚落〕과 집〔住居〕

청동기 문화가 신석기 문화와 가장 다른 것은 농경 생활을 한 점이다. 청동기시대의 자연 환경이 신석기시대에 비해 크게 달라진 것이 없음에도 청동기인들이 생활 입지(立地)로써 선택한 것은 논밭〔田畓〕 경영에 알맞은 장소였다. 물론 신석기시대 중기부터 조〔粟〕 중심의 밭농사가 이루어진 것으로 알려져 있으나, 본격적인 농경은 청동기시대에

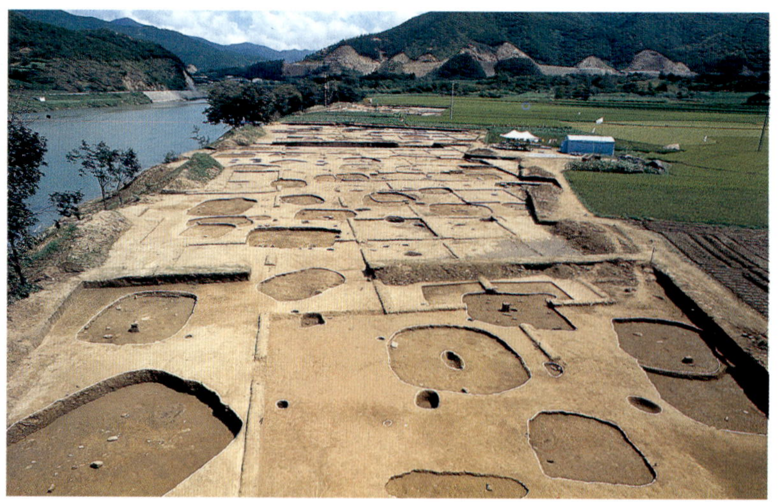

**승주 대곡리 마을** 전남 승주군(지금의 순천시) 대곡리의 청동기시대 마을 전경이다. 강가의 평탄한 대지를 택해 여러 채의 움집을 지어 마을을 형성하였다. 현재는 주암댐 건설로 수몰된 상태이다.

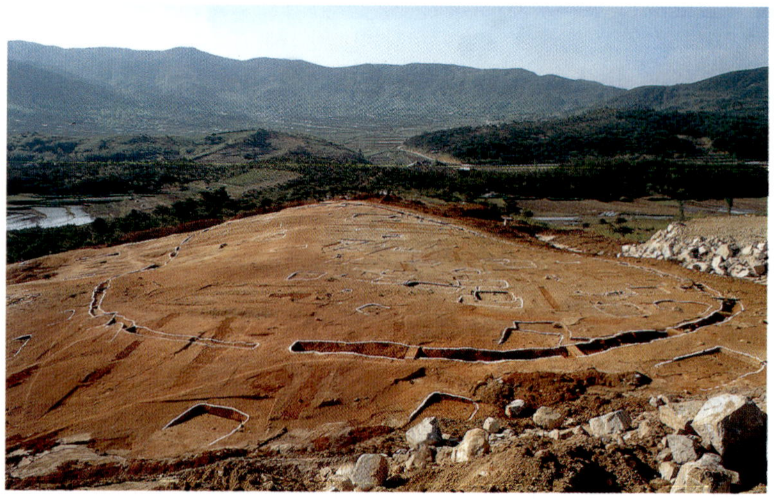

**울주 검단리 마을** 경남 울주군 검단리 마을 유적은 해발 100미터 정도의 구릉에 위치하고 있다. 마을 주위에는 도랑을 설치하였다. 사진:부산대학교박물관

들어서 시작되었다.

마을을 이루기 위해서는 먼저 농경에 알맞은 장소를 택하는 것이 중요했다. 마을은 대체로 강가나 냇가의 낮은 언덕에 10여 채에서 30여 채에 이르는 집들이 모여 이루어졌다. 전남 승주군(지금의 순천시) 대곡리 마을은 강변의 충적 평지에 자리하고 있으며, 경남 울주 검단리 마을은 해발 100여 미터 이상으로 평지에서 약 14~33미터 정도 높은 곳에 위치하여 주변 구릉과 평지를 내려다볼 수 있다.

마을의 집들은 거의 대부분이 움집이므로, 저지대에 위치하였다고 해도 배수가 잘 되는 모래땅 같은 곳을 선호하였다. 마을 주위에는 도랑〔環濠〕이 돌려져 있는 경우가 많은데, 이 도랑들은 깊이 1.5미터 정도, 너비 1 내지 3미터 정도의 규모로 마을을 보호하기 위한 방어 시설 또는 공간을 구획하기 위해 만들어진 것이다. 마을의 외곽에 원형 또는 타원형으로 돌리는 것이 일반적이지만, 절반만 돌리거나 한쪽에 직선으로 낸 것도 있다. 또한 도랑을 이중으로 돌리거나, 단면 W자형으로 겹쳐서 돌린 것도 있다.

도랑에는 일부러 물을 채우지는 않았고 비가 오면 자연히 물이 차도록 한 것으로 여겨지며, 깊이가 얕거나 폭이 좁은 도랑은 방어용이라기보다는 쥐나 해충을 막기 위한 것일 가능성도 있다. 도랑을 건너기 위한 시설 즉 출입구는 양 방향의 도랑을 엇갈리게 하거나 도랑의 양끝이 이어지지 않게 만들었다. 이렇게 마을로 출입하는 데 한정된 통로만을 이용하게 한 것은 출입을 통제하기 위함이다. 검단리 유적의 도랑은 총 길이가 298미터나 되며 도랑 내부의 면적이 5,974제곱미터이다. 검단리 유적 이외에도 경남 진주시 대평면 남강 유적을 비롯해 산청 사월리 유적, 대구 동천동 유적 등에서 발견되었다.

도랑 이외의 방어 시설로는 울타리〔木柵〕가 있다. 충남 부여 송국리 마을 유적의 외곽에서는 울타리를 세웠던 구멍들이 발견되었는데, 위

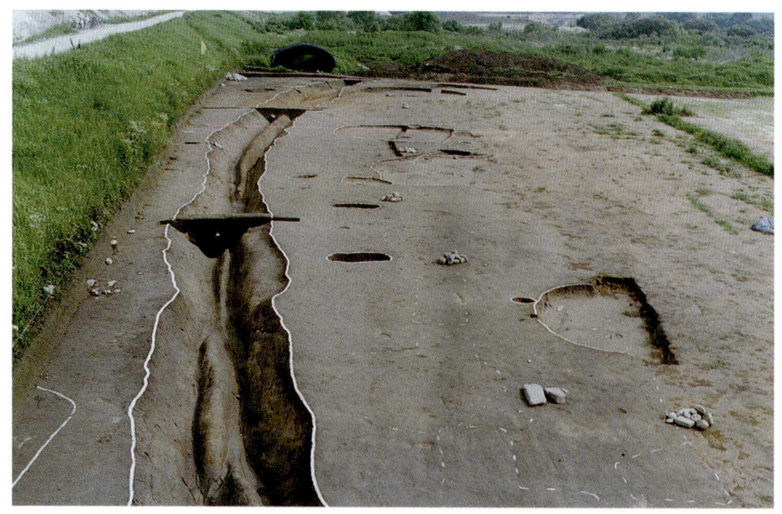

**진주 대평리 마을 유적의 도랑**  도랑 전체의 길이는 147.5미터로 확인되었다. 폭이 2∼3미터로 일정하며 사용시 보수하였는지 바닥이 울퉁불퉁하다. 사진:경남고고학연구소

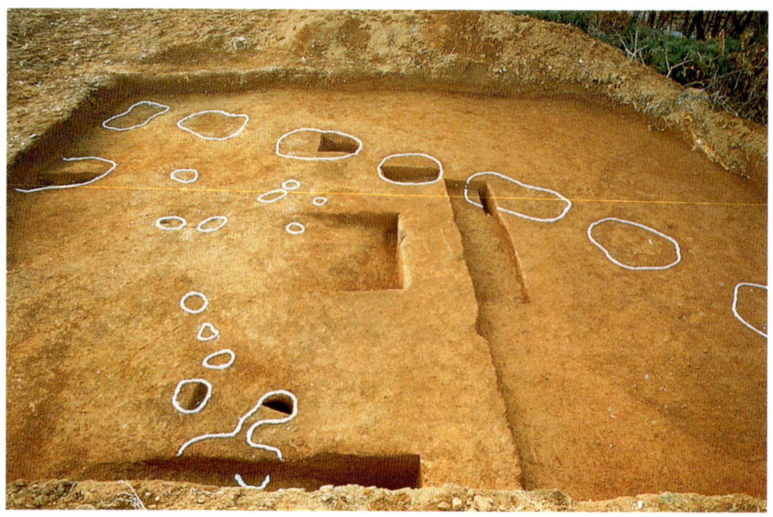

**부여 송국리 마을 유적의 울타리**  울타리는 마을의 방어 시설로서 송국리 마을 유적의 외곽에서 발견되었다. 기둥의 직경이 0.5미터나 되며 기둥 구멍 사이의 폭은 약 1.8미터이다.

낙 광범위해 전체 범위를 확인하지 못하였으나 현재까지 조사된 울타리의 길이만 해도 430미터에 이른다. 대형 울타리 기둥 구멍의 폭이 1.5미터 내외, 깊이가 1.1미터 정도이며 기둥 구멍 사이의 폭은 약 1.8미터이다. 울타리 기둥의 직경이 약 0.5미터에 이르는 것도 있다. 이러한 울타리 외에도 외부의 적이 접근하기 쉬운 곳에는 가늘고 뾰족한 나무를 비스듬하게 촘촘히 꽂은 장애물〔鹿砦〕을 설치하기도 하였다.

진주 대평 옥방1지구의 마을 유적에는 도랑 내부에 울타리가 결합된 형태가 보인다. 외국의 유적에서는 도랑과 울타리만 결합되는 것이 아니고 도랑과 둑〔土壘〕이 같이 만들어진 경우도 있으나 우리나라에서는 깎여 나갔는지 발견되지 않고 있다.

마을의 규모는 큰 것도 있고 작은 것도 있으나, 무문토기시대 전기의 검단리 마을을 보면 초기에는 26채, 후기에는 37채의 움집이 있었다. 경남 울산 무거동 마을 유적에서는 50여 채의 움집이 조사되었는데 시기적으로 중복되는 것을 감안하더라도 20~30채의 집으로 마을이 구성되었던 것으로 여겨진다. 집은 도랑이나 울타리 내부뿐 아니라 외부에도 있었다. 내부에는 지위가 높거나 신분이 우월한 사람들이 거주하였을 듯하다. 무문토기시대 중기의 송국리 마을은 울타리 내부의 면적이 적어도 61헥타르 이상으로 추정되고 있으며 어쩌면 100헥타르가 넘을지도 모른다.

마을의 집들은 대체로 움집이 많고 일부 얕은 움집과 고상가옥(高床家屋, 사다리를 타고 오르게 되어 있는 높은 집)도 있다. 움집이라고 해서 모두 사람이 거주하는 것이 아니라 일부는 공동작업장·종교집회소 또는 동물우리〔畜舍〕 등으로 사용되었다.

움집의 평면 형태로는 장방형·방형·타원형·원형·부정형 등이 있는데, 청동기시대 초기의 집은 대체로 장방형이 많으며 한강 이북 지역에서 발견되는 움집터는 거의 모두가 장방형의 평면을 가진다. 장방형

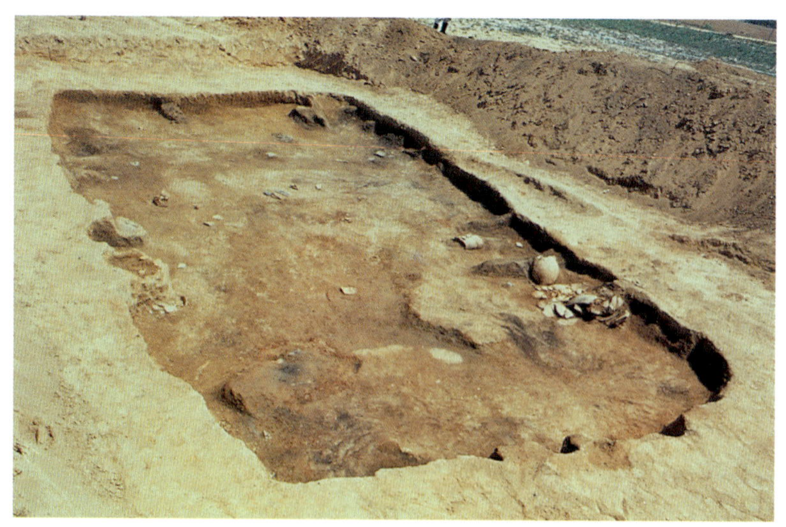

**장방형 집자리**  부여 송국리 마을 유적의 장방형 집자리는 대체로 땅을 얕게 파고 설치한 반움집이다. 벽 가까이에 토기들을 놓아 두었다.


움집은 규모가 작은 것이 약 10제곱미터이고 큰 것은 70제곱미터인데, 20~25제곱미터 정도가 가장 많다. 따라서 당시 가족 한 사람당 거주 면적 5제곱미터를 대입해 보면 약 4~5명 정도인 핵가족의 가옥 규모라고 생각된다.

장방형 움집의 지붕은 움집 내부에서 발견되는 기둥 구멍이나 주춧 돌로 보아 맞배지붕일 것으로 추정되며, 방형의 경우는 우진각지붕 또는 원추형의 지붕 형태를 하였을 것으로 여겨진다.

화덕은 일반적으로 냇돌이나 할석을 네모나게 돌려 만든 것이 많으며 돌이 없이 그냥 움집 바닥을 우묵하게 파서 만든 것도 있다. 난방과 취사, 조명을 위한 복합적인 기능을 가졌는데, 작은 집에는 내부 한가운데에 하나를, 큰 집에는 두 개 이상을 배치하였다.

타원형과 원형의 평면을 가진 움집자리는 북부 지방에서는 거의 보

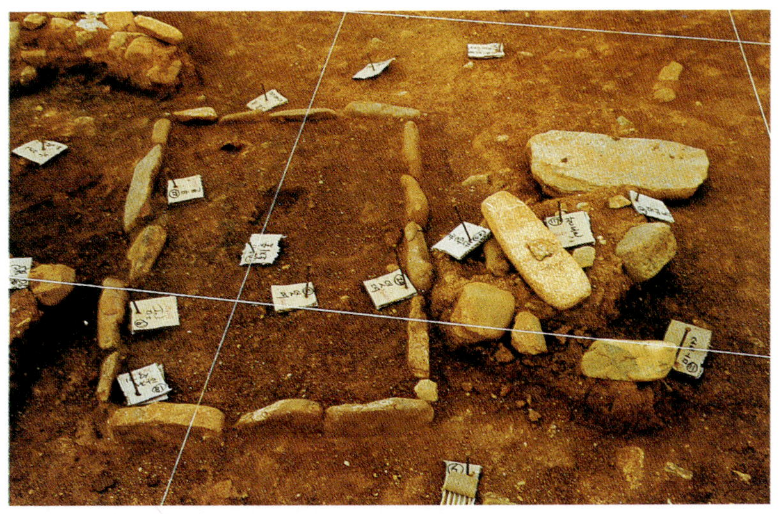

**화덕** 청동기시대 집자리의 화덕은 냇돌이나 할석을 이용해 만든 것이 많으나, 바닥을 우묵하게 파서 그대로 사용한 경우도 있다.

이지 않고 남부 지방에 분포되어 있는데, 특히 충청·전라·경남 등 서부와 남부 지역에서 많이 발견되고 있다. 이들 움집 중에서 중앙부 바닥에 타원형 구덩이를 우묵하게 파 놓은 특수한 형태가 있는데, 이러한 움집을 송국리형 움집〔松菊里型住居〕이라고 부른다. 부여 송국리 유적에서 많은 움집이 조사되어 이렇게 이름이 붙여졌다. 이 움집은 초기에는 평면이 모를 죽인 네모꼴로 만들어졌으나 뒤에 원형으로 고정되었는데, 가운데 구덩이의 양 가 또는 주위에 주 기둥을 세운 것이 많다.

송국리형 움집은 내부에서 불을 피웠던 흔적인 화덕이 발견되지 않았지만, 석기 제작을 위한 여러 가지 도구들이 발견되는 것으로 보아 석기 제작 공방이었음을 알 수 있다. 주위에서 동일한 유물들이 출토되는 장방형 움집과 함께 발견되는 경우가 많아서, 장방형 움집은 거주용이었고 송국리형 움집은 공방이었음을 추측할 수 있다. 지붕 형태는 위

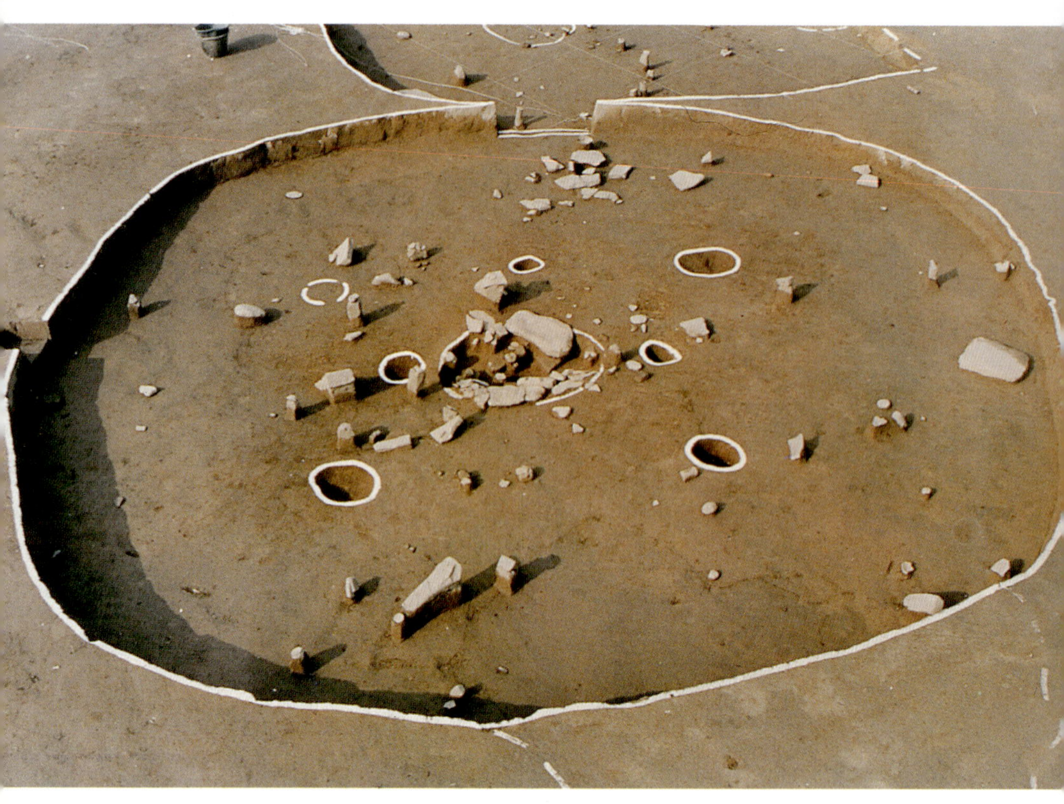

**송국리형 움집자리** 평면이 방형·타원형·원형으로 다양하지만 원형이 많다. 움집 바닥 중앙에 타원형 구덩이가 나 있는 것을 가장 큰 특징으로 하며 일본의 야요이시대 유적에서 도 많이 발견되고 있다.

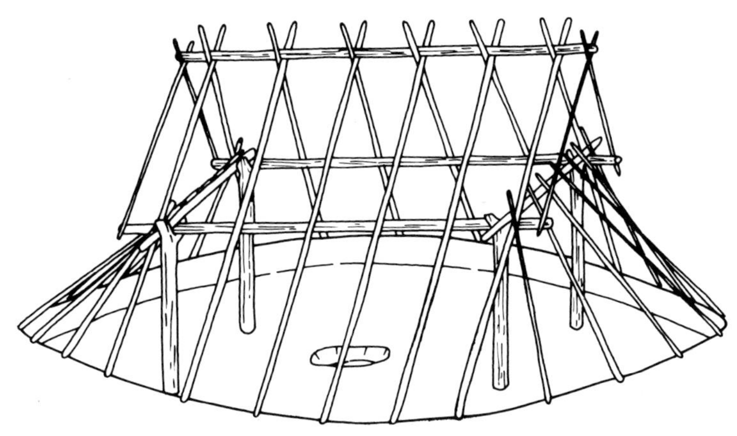

**송국리형 움집 복원도** 네 기둥과 도리를 결구한 뒤 서까래를 올렸다.

쪽이 맞배형이고 아래쪽은 위를 잘라낸 원추형으로 추정되고 있다.

이러한 송국리형 움집은 무문토기시대 중기 이후 크게 유행하여 제주도 삼양동 마을 유적에서 보듯이 기원 전후 시기까지 계속 조영(造營)되며, 일본으로 건너가 야요이(彌生)시대의 주된 공방형 가옥 형태로 남게 된다.

고상가옥은 발견된 예가 극히 적다. 전남 해남의 군곡리 집자리 유적과 경남 산청 묵곡리 유적에서 송국리형 움집과 함께 발견된 바 있으며, 최근에는 경남 사천군 이금동 마을 유적에서 길이 29×폭 5미터, 길이 26×폭 2.5미터 정도의 대형 집자리 두 채가 역시 송국리형 움집자리와 함께 조사되었다.

고상가옥에 관한 구체적인 자료는 청동기시대 유적과 유물에서는 찾아보기 힘드나 후대인 삼국시대 가야토기 가운데 집모양토기(家形土器)에서 찾아볼 수 있으며, 중국 동북 지방인 요령성과 길림성에서도 이러한 고상가옥이 창고로 사용되고 있어 미루어 짐작할 수 있다. 또한 일본 야요이시대 토기나 청동기 유물에 그려진 그림에서도 볼 수 있어 저장용 창고로 사용되었을 가능성이 많다.

이금동 마을 유적에서 발견된 대형 건물터는 일반 고상가옥과는 규모나 형태 면에서 판이하게 달라 특별한 기능을 가진 건물로 여겨지는데, 일본 오사카부(大阪府) 이케가미소네(池上曾根) 유적에서 발견된 신전으로 추정되는 건물과 규모가 비슷해 신전이나 특수 행사를 위한 건물이 아닐까 추측된다.

이 밖에 특수 목적을 위해서 지은 집들이 있다. 경기도 여주 흔암리 유적이나 천안 백석동 유적의 집자리들은 구릉의 경사면에 등고선과

**교성리 집자리 유적** 충남 보령 교성리 집자리는 산 정상에 위치한 특수 목적의 집자리로, 9채가 정상부를 중심으로 부채꼴을 이루며 발견되었다.

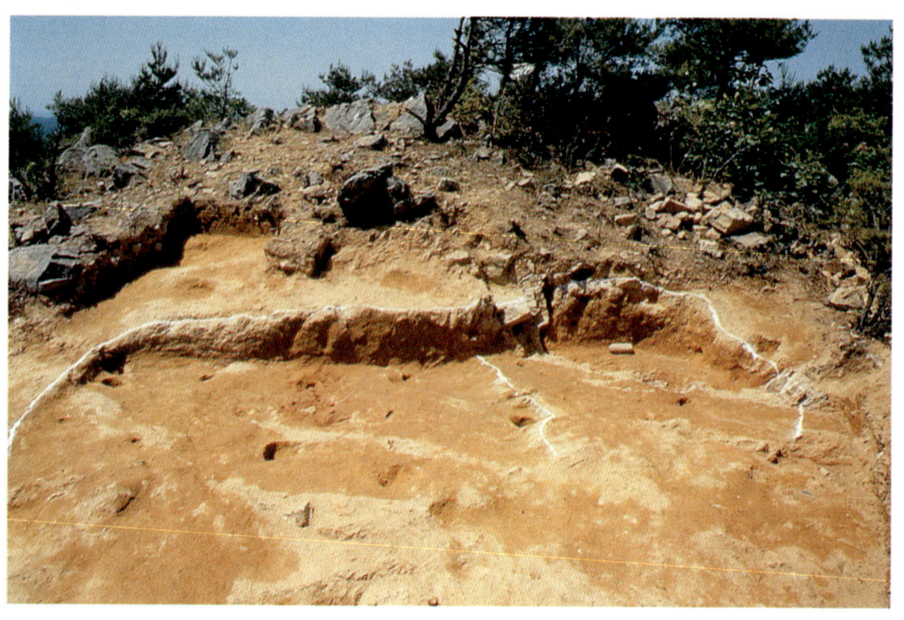

나란히 배치되어 있어 집의 단벽 단면이 ㄴ자형을 이룬 것들이 많으며 배수 처리가 용이하지 않아 일상 생활을 하기에는 불편한 구조를 가졌다. 이러한 집들은 전투나 집중적인 작업을 위한 임시 시설이었을 가능성이 높다.

한편 청동기시대 후기에 속하는 충남 보령 교성리 유적에서는 낮은 산의 정상에 소형의 움집들이 얇은 벽을 공유하며 붙어 있는 구조로 발견되었는데, 이는 특수한 작업을 하기 위한 임시 막사와 같은 건물로 추정하고 있다.

마을에는 공동 작업을 하거나 집회 등을 위한 장소 즉 광장(廣場)이 필요하다. 아직까지는 마을 유적에서 뚜렷하게 광장으로 여겨지는 것은 발견되지 않았으나, 경남 울산 무거동 마을 유적을 보면 약 25×70미터 정도의 공간이 움집들 사이에서 발견되었고, 검단리 마을 유적에서도 40×20미터 정도의 공간이 2개소에서 발견되어, 이러한 공간들이 광장이었을 것으로 추정된다.

마을 주위에서는 논과 밭이 경작되었으며, 집 주위에서는 텃밭이 발견되기도 한다. 농경에 의한 정착 생활에서 마을이 형성되기 때문이다. 이에 대해서는 뒤의 농경 쪽에서 다루기로 한다.

마을 안과 주변에는 주거 구역·농경 구역·공방 이외에도 죽음과 관련된 무덤공간 즉 묘역(墓域)이 있다. 청동기시대에는 독립된 단독 무덤은 드물고 공동묘지가 조성된 경우가 많다. 부여 송국리 마을 유적에도 움집들에서 멀리 떨어지지 않은 곳에 공동묘지가 조성되어 있으며, 사천 이금동 마을 유적에서도 움집과 공동묘지가 약 15미터 정도 떨어져 있다. 무덤에 관한 내용도 뒤에 장제(葬制) 부분에서 다루도록 한다.

# 생업 경제

시대에 따라 생업을 위한 작업과 기술이 변화되어 왔다. 농경과 어로 그리고 사냥과 목축 등은 주요한 생업이었다. 청동기시대에도 생활 환경을 비롯한 자연 조건 즉 지역에 따라 생업 형태의 다양성을 보이고 있다. 마을의 위치는 생업과 밀접한 관계를 가져서 그 선택과 결정에 영향을 미쳤다. 주거의 입지가 산간·구릉뿐만 아니라 내〔川〕가 가까이 위치한 평평한 곳까지 확산되었으며, 이에 따라 생산력도 자연히 증가하게 되었다.

### 농경

앞에서 이야기한 바와 같이, 이미 신석기시대 중기 이후부터 조 농사 위주의 농경이 시작되었다는 것은 황해도 봉산 지탑리 유적과 평양시 호남리 남경 유적에서 출토된 탄화조와 피 등을 보아 알 수 있으며 또한 반달칼·돌낫·돌보습 등의 농경 도구의 존재를 보아서도 잘 알 수 있다. 그러나 본격적인 농경의 시작은 청동기시대에 들어서면서부터이다. 이때는 한반도 전역에 농경이 보급되었는데, 곡식의 이삭을 자르는 데 사용한 반달칼의 광범위한 분포로 보아 잘 알 수 있다.

먹을 것의 채집에서 생산으로의 전환은 커다란 변화이다. 스스로 식량 공급을 지배할 수 있다는 것은 자연 환경에 대한 커다란 도전으로 혁명적인 것이었다. 이같은 변화가 점진적인 발전에 의한 것인지 또는 새로운 문화의 이입(移入)에 의한 것인지는 확실하지 않다. 신석기시대부터 사용된 반달칼·곰배괭이 등의 농경 관계 도구들이 중국 동북 지방에서 발견되는 것으로 보아 농경 문화가 한반도로 이입되었을 가능성도 높다.

청동기시대 초기의 농경은 역시 밭농사 중심으로 이루어졌다. 조 이

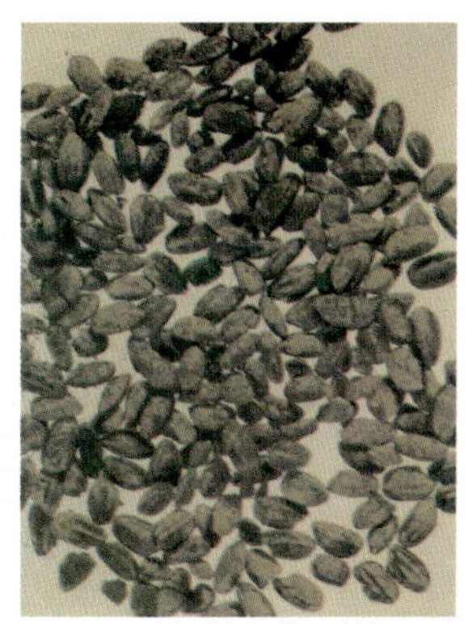

탄화미

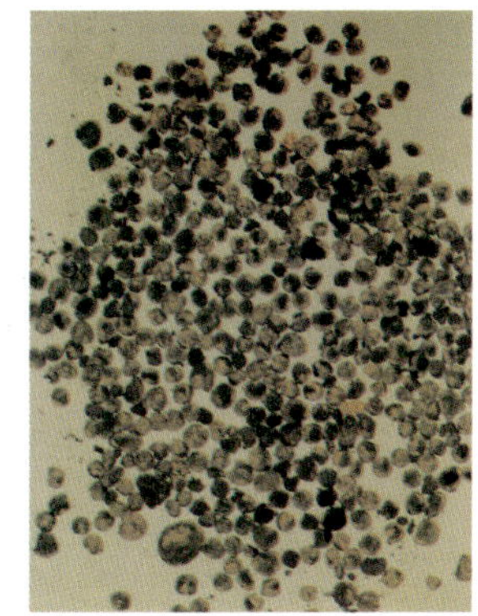

탄화조

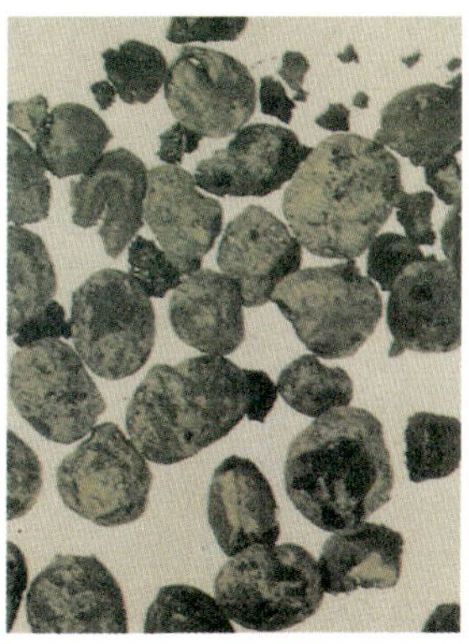

탄화수수

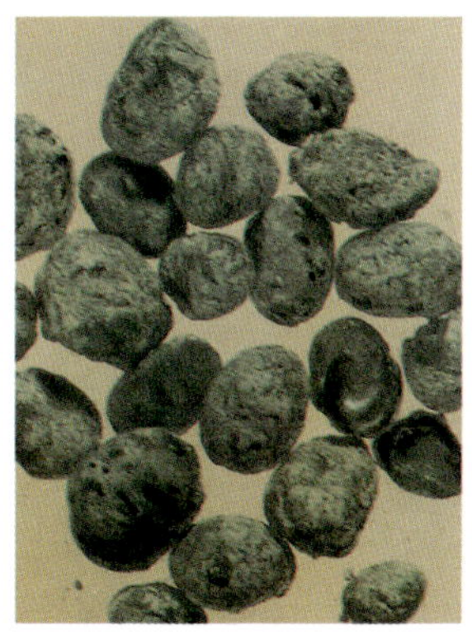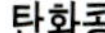

탄화콩

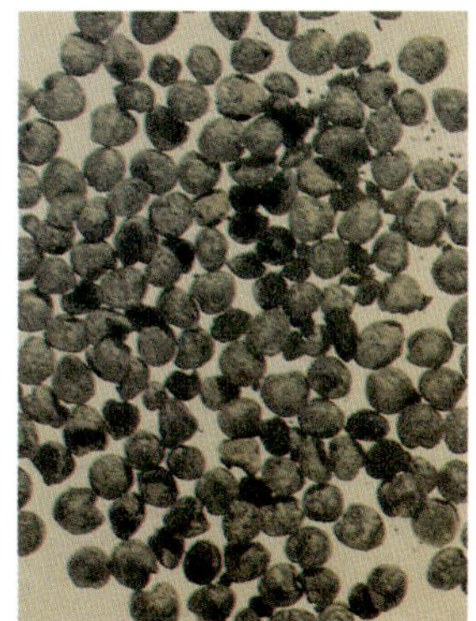

탄화기장

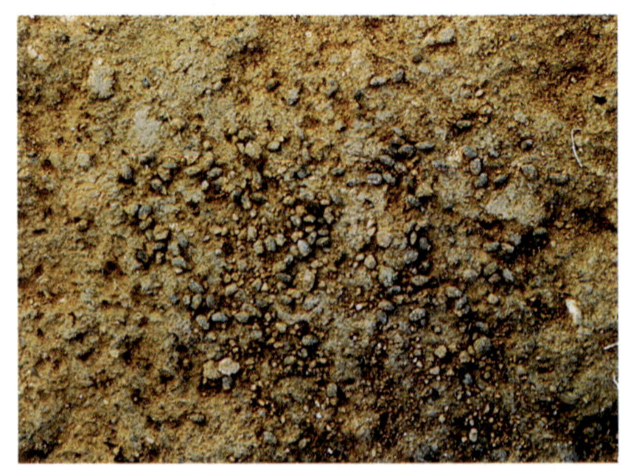

송국리 유적 출토 탄화미  부여 송국리유적 54-1호 집자리 바닥에서는 모두 395그램에 달하는 탄화미가 발견되었다.

외에도 기장·팥·콩·보리·수수 등의 곡식이 모두 재배되었다. 청동기시대 전기에 속하는 평양시 호남리 남경 유적 36호 집자리에서는 탄화된 쌀·조·수수·콩·기장 등의 오곡(五穀)이 발굴되었으며, 기원전 6세기경의 경기도 여주 흔암리 집자리 유적에서는 탄화된 쌀과 보리·조·수수 등의 곡물이 발견되었다. 또 기원전 5~4세기경의 송국리 마을 유적에서도 다량의 탄화미가 출토되어, 이미 잡곡 농사뿐만 아니라 벼농사도 시작되었음을 알 수 있다. 벼농사에 대한 간접적인 증거는 토기 밑바닥에 찍힌 볍씨 자국에서도 찾아볼 수 있다.

이러한 곡식을 재배하였던 논과 밭은 마을 가까이 있었다. 울산 무거동 마을 유적에서는 우리나라 최초로 청동기시대 전기인 기원전 7~6세기의 논 유적이 발굴 조사되었는데, 논은 경사를 따라 어느 정도 단을 이루면서 작게 구획되어 있었다. 구획된 논의 평면 형태는 방형·장방형·부정형이다. 구체적인 관개나 배수 시설은 파악되지 않았으나 수로와 수구(水口) 등은 일부 확인되어 이미 이 시기에 논농사를 위한 논의 조성 기술·관개 기술이 상당하였음을 미루어 짐작케 한다.

벼농사는 주로 논에서 이루어졌다고 보지만 이 시기에 밭벼, 논벼를 구분하는 것은 큰 의미를 갖지 못한다. 벼농사는 대동강 유역과 한강 유역을 포함한 서북부 및 중서부 지방에서 시작되었으며 이후 남부 지방으로 확산되면서 농경의 중추적 역할을 담당하게 되었다. 우리나라에서는 야생벼가 발견되지 않았으므로 중국에서 벼농사가 건너온 것이 확실하다. 전래 경로에 대해서는 여러 설이 있으나, 수확 도구인 반달칼의 분포와 관련지어 볼 때 산동 반도나 요동 반도를 거쳐 들어왔다는 북방설이 유력하다. 벼농사는 뒤에 청동기 문화와 함께 일본으로 전파되었다.

밭은 물을 대기 좋은 강변의 대지나 얕은 구릉 지대에 대규모로 조성하는 경우가 많았으며, 집 주위에는 소규모의 텃밭을 만들어 사용하기도 하였다. 진주 남강 자연 제방의 배후사면에서 발굴된 어은 유적에서는 밭이 2,000평 정도 이랑째로 발견되었으며, 남강을 따라 100~500

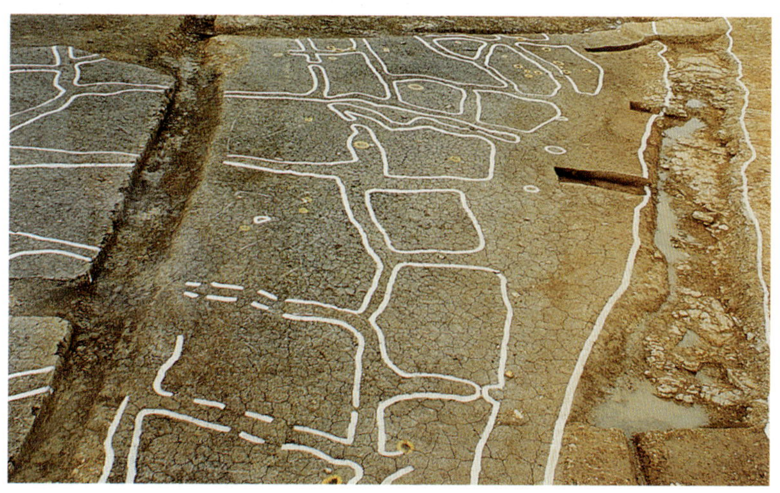

**울산 무거동 논 유적** 청동기시대 전기 유적으로, 여기서는 마을과 논이 함께 발견되었다. 사진에 나타난 논과 수로의 흔적을 통해 이 시기에 이미 논농사를 위한 조성 기술·관개 기술이 상당하였음을 짐작할 수 있다. 사진:경남대학교박물관, 밀양대학교박물관

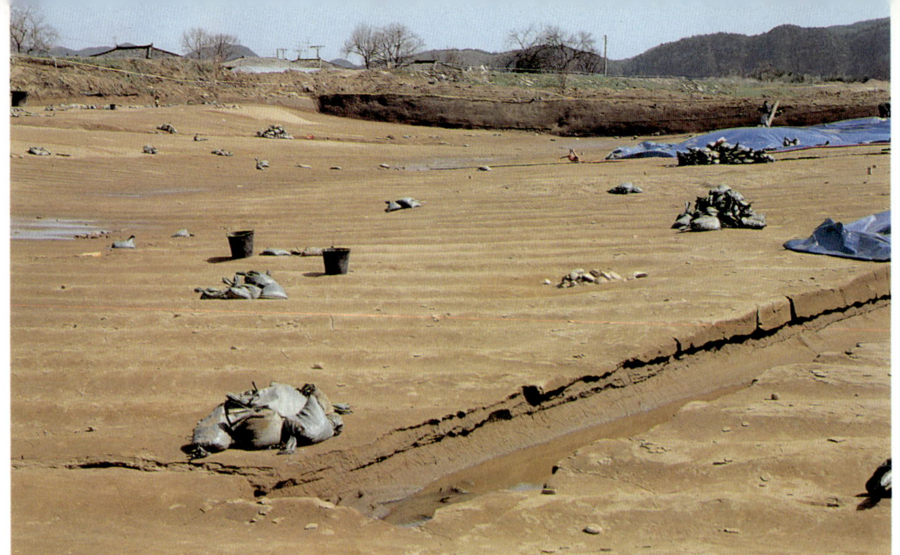

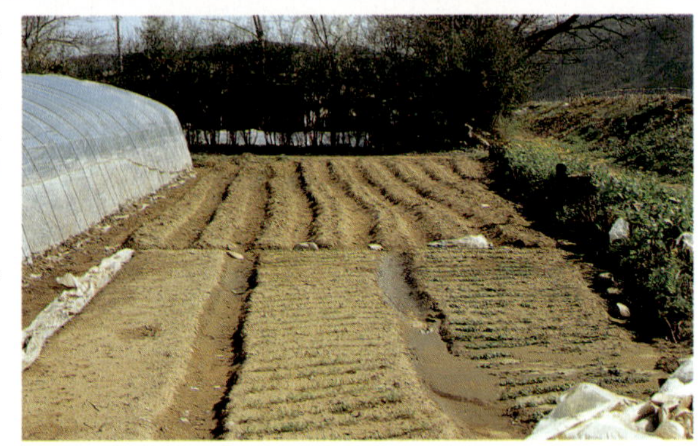

**어은1지구 유적의 밭** 경남 진주 대평리에 위치한 어은1지구 유적으로 강가의 모래사장에 만들어졌으며 전체 규모가 4,000여 평에 이른다. 이랑과 고랑이 뚜렷하며 주변에서는 마을 유적이 발견되었다. (위)

**요즈음 텃밭** 경남 진주 대평리 소재 (오른쪽)

평 규모의 크고 작은 밭들이 발견되었다.

밭은 움집 가까이에 있어 경작이 용이했을 듯하다. 밭터에서는 탄화된 쌀과 조·보리·수수 그리고 명아주속의 씨앗과 견과류 등이 출토되어 재배 식물을 추측할 수 있으며, 그 밖에 반달칼·돌낫 등의 농구가 토기와 함께 출토되어 청동기시대 전기 공동체 단위의 농경에 관한 내용을 알 수 있다. 충남 논산의 마전리 유적에서는 논과 함께 물을 가두어 두었던 웅덩이와 수로까지 발견되어 천수답(天水畓)에서 한 단계 발전된 논의 형태를 보여 주었다.

농경 도구와 탄화 곡물 그리고 논밭 이외에도 당시의 농경을 말해 주는 자료로는 유명한 농경문(農耕文)청동기가 있다. 이 청동기는 대전 부근에서 출토되었다고 전해지는데, 일상 도구가 아니라 의례나 의식에 사용하던 기원전 4~3세기경의 의기 가운데 하나이다. 하반부가 부러져 나가 전체적인 모습은 잘 알 수 없으나 방패 모양으로 추측된다. 옷 등에 매달아 사용하였으며, 편평한 양쪽 면에는 각각 그림이 그려져 있다.

한쪽 면의 오른쪽에는 머리에 긴 깃털 같은 것을 꽂은 채 따비(풀뿌리를 뽑거나 밭갈이를 하는 데 쓰이는 농기구)로 밭을 일구고 있는 남자(성기를 노출하고 있음)가 묘사되어 있고(아래 사진 참조), 그 아래에는 괭이를 치켜 든 인물이 표현되어 있다. 왼쪽에는 항아리에 추수한 곡물을 담고 있는 여성이 그려져 있고, 뒷면에는 나뭇가지 위에 매로 보이는 새가 서로 마주하고 있는 모습이 새겨져 있다. 그림의 내용으로 보아 수확의 풍요를 비는 주술적 의미를 지닌 의기임에 틀림없다. 조선 중기의 지식인 유희춘(柳希春, 1513~1577년)의 문집 『미암선생집(眉巖先生潗)』 권3 잡저의 「입춘나경의(立春裸耕議, 입춘에 옷을 벗고 경작하는데 대한 논의)」에 수록된 내용에 "······ 매년 입춘 아침에 토관(土官)에 모이게 하여 길 위에는 목우(木牛)를 몰아 밭을 갈고 씨를 뿌리게 하여 심고 거두는 형태에 따라 해를 점치고, 곡식의 풍년을 기원한다. 이때 밭을 가는 자와 씨를 뿌리는 자는 반드시 옷을 벗게 하여 차가운 기운을 몸에 닿게 하니······."라는 글이 있어 풍년을 기원하기 위하여 옷을 벗고 밭을 가는 습속이 있었음을 알 수 있다. 농경문청동기의 그림 내용으로 보아 이러한 습

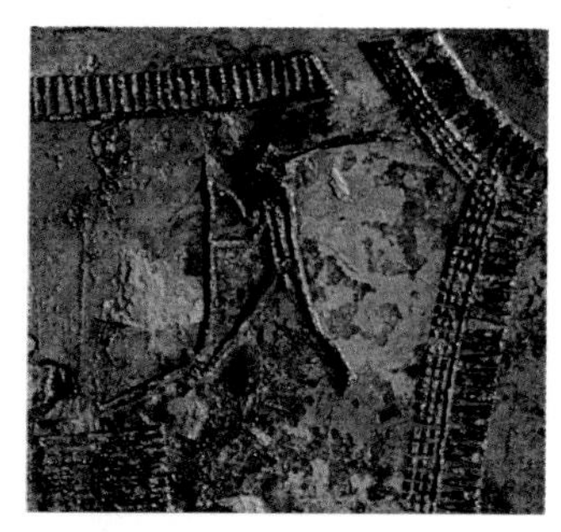

**농경문청동기 앞면 부분**

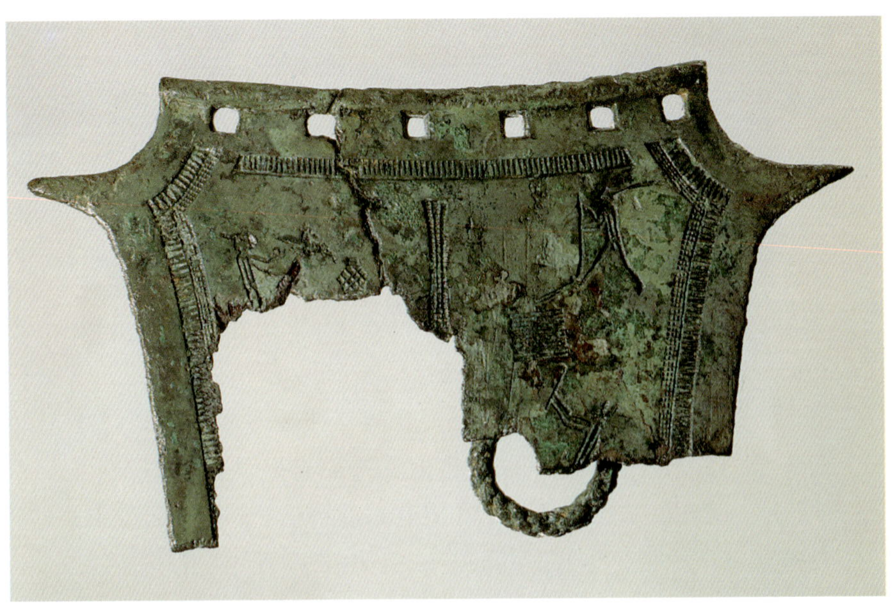

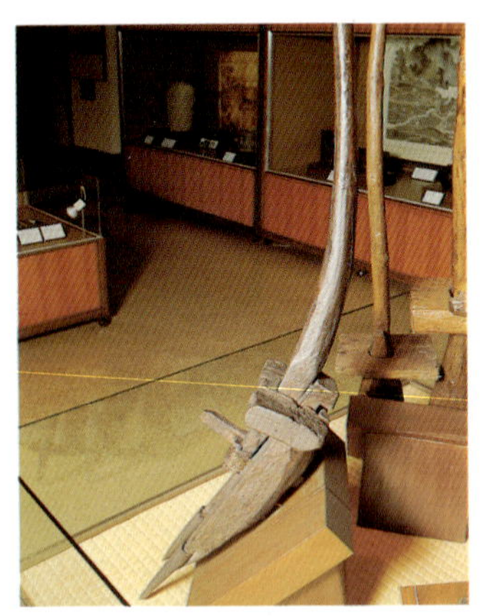

**농경문청동기(앞면)** 대전 지역에서 출토되었다고 전하는 청동 의기이다. 앞면에는 남자 두 사람이 각각 따비와 괭이를 가지고 밭을 가는 장면과 여성이 그릇에 무엇인가를 담는 장면이 새겨져 있으며, 뒷면에는 Y자로 갈라진 나뭇가지에 매와 같은 형상의 새가 앉아 있는 모습이 표현되어 있다. (위)

**따비** 밭을 가는 데 사용하는 농기구로 근래에도 농촌에서 볼 수 있다. (왼쪽)

속이 청동기시대 이래의 것임을 미루어 짐작할 수 있다.

정확하게 표현된 밭고랑과 이랑, 그리고 유물로는 남아 있지 않지만 그림상으로도 뚜렷한 따비와 괭이는 청동기시대 농경을 이해하는 데 아주 중요한 자료이다.

## 어로

    청동기시대에는 농경이 주된 식량 공급 수단이었지만 어로도 중요한 생업 수단의 하나였다. 특히 바닷가나 강가를 생활 근거지로 삼은 청동기인들은 수산 동·식물에 의존하는 바가 컸다. 오늘날 남아 있는 어로 관계 유물과 조개무지〔貝塚〕유적 등에서 출토된 어패류의 뼈나 껍질을 통해, 당시의 어로 행위나 기술에 대한 내용을 파악할 수 있다. 어로용 도구와 이를 사용하는 기술은 물고기의 종류와 크기 및 강과 바다 등 물고기의 서식 조건과도 관계가 깊다. 청동기시대 어로는 크게 그물어로, 낚시어로, 기타 형태로 나누어 볼 수 있다.

    그물어로에 관한 고고학 자료로는 바닷가나 강가의 집자리 유적에서 출토되는 그물추가 있다. 그물어구가 남아 있지는 않지만 그물에 매달려 있던 그물추는 많이 발견되고 있다. 돌로 만든 것과 흙으로 구워 만든 것 그리고 조개껍질에 구멍을 뚫어 이용한 것 등이 있는데, 크기와 무게가 다양한 것으로 보아 크고 작은 그물에 의한 고기잡이가 활발하였음을 알 수 있다. 석제 그물추는 갸름한 돌의 표면에 오목한 홈을 내어 만든 것이 많고, 토제 그물추는 홈을 낸 것과 구멍을 뚫은 것, 둥근 것과 기름한 것 등 다양하다.

    낚시어로는 그물어로처럼 한 번에 다량의 물고기를 포획할 수는 없지만, 낚시로 잡을 수 있는 어종이 따로 있기 때문에 나름대로 어로의 중요한 부분을 차지하였다. 낚싯바늘은 미늘이 있는 갈고리부와 허리부가 하나로 된 보통 낚싯바늘〔單式釣針〕과 이들을 따로 만든 뒤 묶은 이음식 낚싯바늘〔結合式釣針〕로 나누어 볼 수 있는데, 대부분은 짐승의 뼈나 뿔을 갈아서 만든 골각제이며, 골각제 갈고리부와 석제 허리부를 이어 만든 것도 있다. 흔하지는 않지만 청동제 낚싯바늘도 사용되었는데, 영암 지역에서 출토되었다고 전하는 거푸집에는 낚싯바늘이 새겨져 있다.

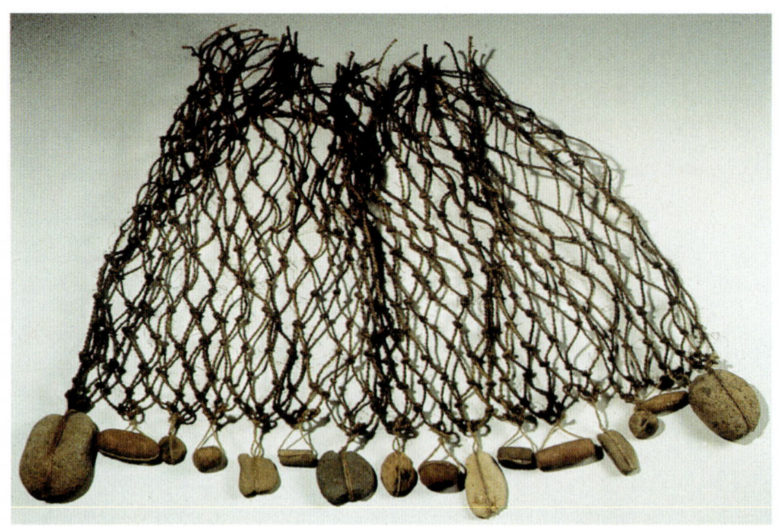

**그물추(어망 복원)** 청동기시대의 어로 행위를 증명할 만한 자료이다. 그물어구가 남아 있지는 않지만 그물에 매달려 있던 그물추는 많이 발견되고 있다. 그물추는 흙을 구워 만든 것과 작은 돌의 양면을 쪼아내거나, 홈을 내어 만든 것이 있다.

기타 어로에 사용된 것으로는 투창과 작살 그리고 찔개살이 있다. 함북 나진 초도 유적에서 나온 석제 투창 끝에는 노끈을 비끄러매기 위한 구멍이 뚫려 있었다. 작살은 하천 유역 물고기잡이에 많이 사용되었는데, 그 끝은 화살촉처럼 생겼으나 화살촉보다는 크고 나래 끝이 뾰족해 민지 역할을 하게끔 되어 있는 것도 있다. 찔개살도 하천에서 많이 사용되었는데, 작살과는 달리 민지가 없어 물고기의 몸체를 관통시켜 잡는 도구였기 때문에 큰 고기를 잡는 데 사용되었다.

어구들 이외에 청동기시대의 어로 활동을 알려 주는 자료로는 경남 울주군 반구대 암각화(岩刻畵)의 집단 어로 장면이 대표적이다. 이 암각화에는 여러 사람이 카누형의 배를 타고 바다에서 고기를 잡는 모습과 작살에 맞은 고래 그리고 각종 바다 짐승이 묘사되어 있어 해안이

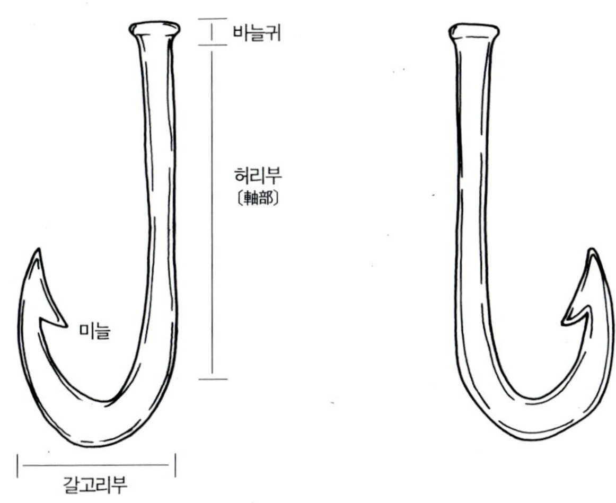


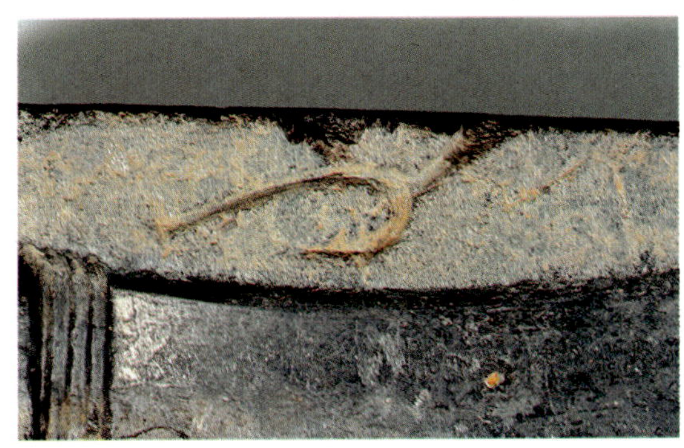

**낚싯바늘 도면**(위)

**거푸집에 새겨진 낚싯바늘**
청동도끼를 주조할 때 사
용하는 거푸집의 한쪽 면
에 낚싯바늘의 형상이 새
겨져 있다. (왼쪽)

나 강기슭에서 소극적으로 펼쳐진 어로 방법뿐만 아니라 보다 적극적
인 어로 방식을 채택하고 있었음을 알려 준다.

　이 밖에 조개무지 유적에서 발견되고 있는 대형 굴·소라·조개류의
껍질을 보면 당시 해안 쪽의 낮은 해저에서 채취 활동이 활발하였음을
알 수 있다. 충남 안면도의 고남리 패총에서 출토된 패류를 분석한 결

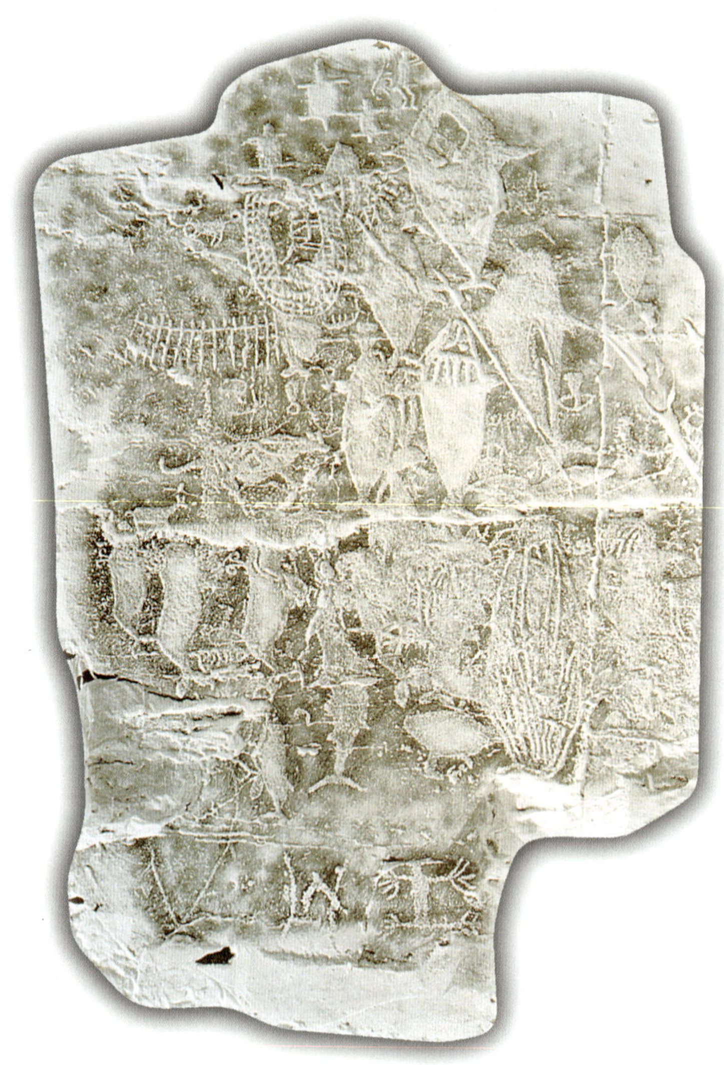

**반구대 암각화**(위:탁본, 옆면)  경남 울주군 소재 반구대 암각화에는 배를 타고 바다에서 집단으로 고기잡이를 하는 장면과 고래 등에 작살이 꽂혀 있는 장면이 묘사되어 있다.  사진:임세권

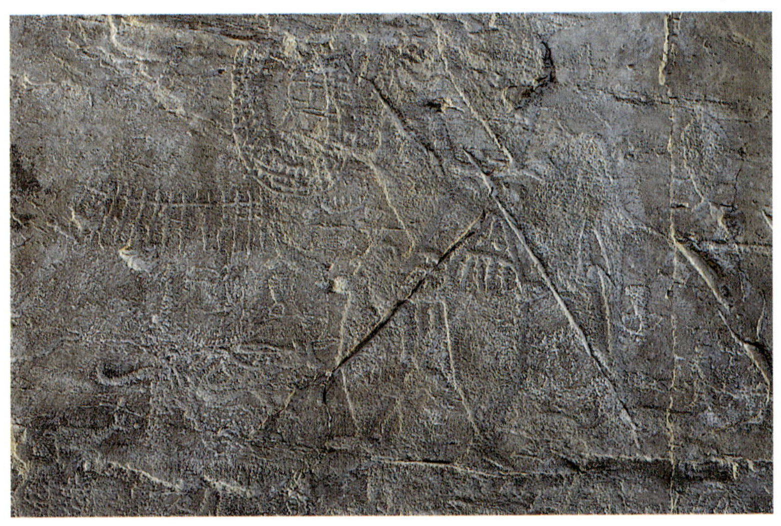

과, 굴이 60∼70퍼센트이고 나머지가 바지락이었으며 이 밖에 전복·고둥·우렁이·홍합·고막 등도 확인되었다. 생선뼈의 분류를 통해 참돔·감성돔·농어·넙치·가오리·곱상어·민어 등의 어류도 채집되었음을 알 수 있다.

## 사냥〔狩獵〕과 집짐승 기르기〔牧畜〕

신석기시대에 활발하였던 사냥이 청동기시대에 들어와서 없어진 것은 아니다. 사냥 역시 중요한 식량 보급의 한 방식이었기 때문에 수렵에 의존하는 비율이 상당히 높았다. 집짐승과 메짐승을 구분하는 기준이 명확치 않아 어려움이 있으나, 함북 무산 호곡 유적이나 평양시 입석리 유적에서 출토된 짐승뼈 중 메짐승의 구성이 80∼90퍼센트나 되는 것이 그러한 실상을 말해 준다. 짐승은 영양 섭취에 필요한 단백질의 공급원일 뿐만 아니라, 각종 도구의 재료가 되는 뼈와 뿔까지 제공하는 중요한 물자였다. 또한 사냥은 의례나 의식에 필요한 제물을 확보하기 위해서도 행하여졌다. 사냥은 이처럼 경제적·의례적 목적을 위해 협력하는 데 있어 사회적이면서도 단체적인 행위였다.

입석리에서 출토된 뼈를 감정한 결과, 모두 12종 35개체의 짐승이 확인되었는데 그 가운데 사슴뼈가 가장 많았다. 사슴과(科) 동물 이외에 산양·멧돼지·곰 등을 사냥하였으며, 토끼·족제비·수달·승냥이·너구리 등 작은 동물들도 잡았다.

사냥 도구로는 활과 화살이 가장 많이 사용되었다. 청동기시대 활의 실물은 발견된 바 없으나, 각 유적에서 발견되는 돌화살촉이나 뼈화살촉, 청동화살촉은 전투용도 있겠지만 상당수는 사냥용으로 여겨지는 것이다. 청동기시대의 활이 어떠한 형태를 가졌는지는 잘 알 수 없지만, 기원 전후 시기인 원삼국시대 초기의 활을 보면 길이가 1미터가 넘는 장궁〔長弓〕이며 활대에 나무껍질로 만든 테이프를 감은 뒤 그 위에 까만 옻칠을 한 것이 있어 이러한 형태의 활이 사용되었을 것으로 추정하고 있다.

작은 짐승들은 화살을 쏘아 잡기는 힘들기 때문에 석창이나 뼈뿔연모, 올가미나 덫 등의 도구들과 허방다리〔陷穽〕 등이 사용된 듯하다. 특히 농작물을 보호하기 위해서 이러한 사냥 수단이 동원되었고, 일종의 스포츠나 권위를 강화하고자 하는 의례의 하나로서도 사냥이 이루어졌다. 경주 지역에서 출토되었다고 전하는 견갑형동기(청동 의기의 하나)에는 사슴에 화살이 꽂혀 있는 장면과 표범 또는 호랑이와 같은 동물이 묘사되어 있는데, 이것은 사슴과 같은 짐승을 잘 잡고 표범(호랑이)과 같은 맹수로부터 습격을 받지 않기를 기원하는 주술성을 표현하는 한편 제의(祭儀)를 통해 강조하고자 했던 권위나 가치관의 표현 양식이라고 하겠다.

구석기시대 이래로 청동기시대에 이르기까지 사람들은 동·식물의

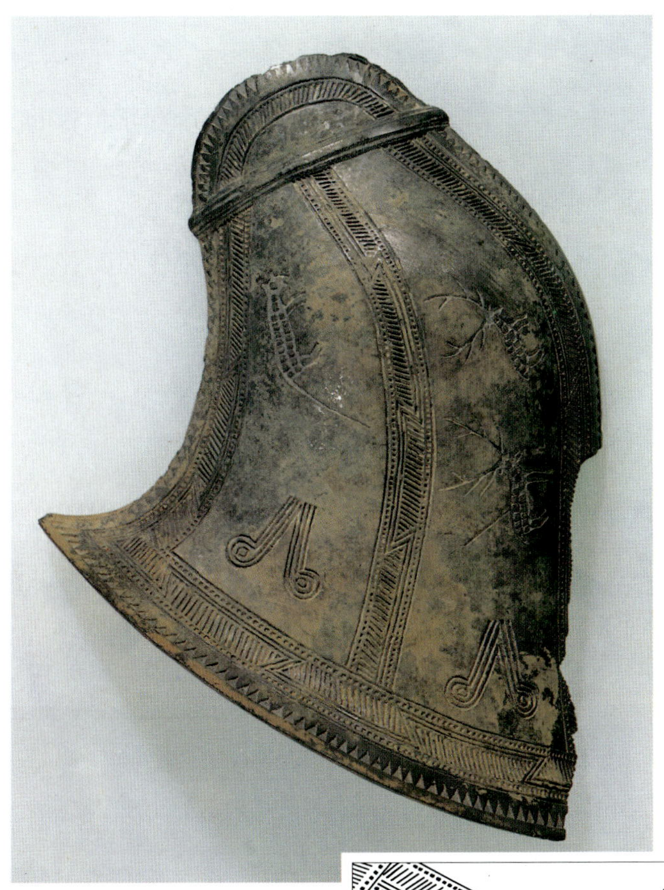

**견갑형동기**　경주 지역에서 출토되었다고 전하는 청동 의기에는 표범 또는 사슴과 같은 짐승이 그려져 있는데, 특히 사슴 한 마리에는 화살이 꽂혀 있어 사냥 의식과 관련된 의기로 추정할 수 있다. 일본 동경국립박물관 소장

생태를 포함한 자연 환경에 대해 많은 지식을 가지고 있었다. 그러한 상황에서 야생의 동물 가운데 굶주린 녀석들은 밭이나 민가에 내려와 자연히 사람에게 사육되고, 사냥시 생포된 짐승들 가운데 당장에 잡아 먹지 않을 것은 우리에서 기르고 또 짐승 새끼들을 애완용으로 기르면서 집짐승 기르기가 시작되었을 것이다. 집짐승은 사냥한 짐승과는 달리 필요에 따라서 언제든지 잡아먹을 수 있는 신선한 비축 식품이며 시일이 경과하면 새끼를 낳아 그 수가 늘어나고 다루기가 편해 농사·운반 등의 노동력에 그 힘을 이용할 수 있다. 농사에 적합하지 않고 풀이 많은 초원 지대에서는 이러한 집짐승 기르기가 보다 활발하게 이루어졌을 것이다.

집짐승의 대부분은 돼지였다. 특히 무산 호곡 유적에서는 길들인 돼지의 뼈가 상당수 출토되었는데, 이곳에서 출토된 돼지 주둥이의 뼈를 보면 점차 짧아지는 인공 도태 현상을 보이고 있다. 소 역시 대표적인 집짐승의 하나이다. 평양 입석리·무산 호곡·회령 오동·나진 초도 등의 유적에서 소뼈가 발견되었는데, 주로 함경북도 두만강 유역에서 발견되는 것은 당시의 기후나 지리적인 조건이 소를 기르기에 알맞았기 때문으로 여겨진다. 소의 수가 돼지에 비해 적은 것은 그 용도가 식용(食用)보다는 농경에 있었기 때문일 것이다. 그러나 청동기시대의 집짐승 기르기는 어디까지나 농사에 딸린 것이었다.

### 옷과 장신구〔服飾〕

청동기시대에 식물성 섬유로 옷을 지어 입었다는 사실은 무산 호곡·나진 초도 유적에서 출토된 베실과 북청 토성리 유적 2호 집자리에서 출토된 유물을 싼 천 그리고 함평 초포리 유적에서 출토된 평직의 섬유 조각 등으로 알 수 있다. 물론 사냥에서 얻은 짐승의 털가죽 역시 옷감으로 이용되었겠지만 식물 섬유로 만든 옷이 주류를 이룬 것으로

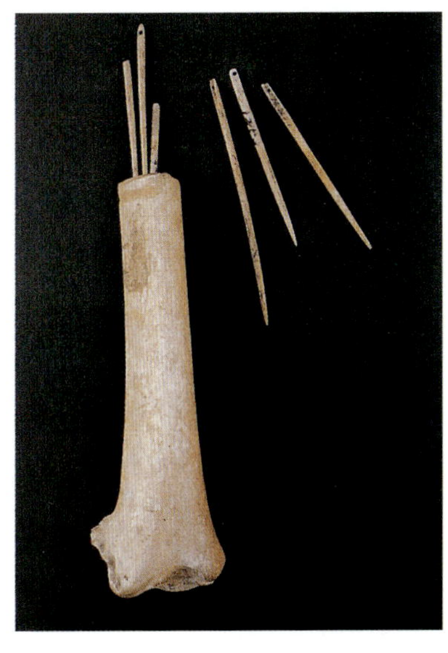

**바늘과 바늘통** 함경북도 웅기군(지금의 선봉군) 굴포리 소재 서포항 유적에서 출토된 것으로, 바늘통은 동물의 다리뼈를 이용하여 만들었다.

추측된다.

실을 뽑는 도구로는 신석기시대 이래 가락바퀴[紡錘車]가 사용되었다. 가락바퀴는 원판형·구슬형·원추형·주판알형 등 다양한 형태가 있으나, 모두 평면 원형으로 회전력을 이용해 베실과 같은 것을 뽑아내게끔 되어 있다. 흙을 구워 만든 것이 대부분이나 석제도 많다. 가운데에 작은 구멍이 뚫려 있어 이곳에 축으로 쓰는 가는 막대를 꽂아 돌림으로써 실을 뽑게 된다. 가락바퀴로 뽑은 실은 다시 몇 줄을 꼬아서 바느질 실이나 그물에 사용할 실로 만들었다. 이러한 실을 가지고 간단한 천과 옷을 만든 것으로 여겨진다.

천은 씨실과 날실을 규칙적으로 교차시켜 엮어서 만드는데, 이러한 기술은 기본적으로 삿자리나 망을 뜨는 기술과 서로 통하는 것이다. 천을 짜는 베틀과 같은 도구는 부속품조차도 발견된 것이 없으나, 회령 오동 유적에서 출토된 장방형 뼈뿔연모가 바디(씨실조이개)로 추정되

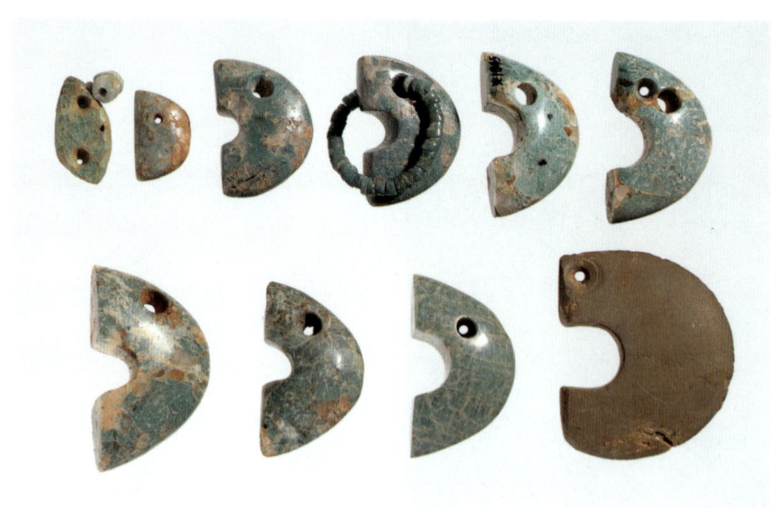

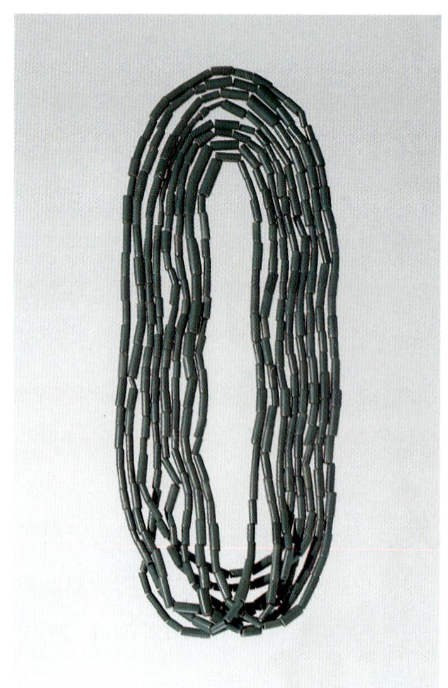

**곱은옥**(위)**과 대롱옥**(왼쪽)  청동기시
대의 곱은옥은 천하석으로 만들었으며,
대롱옥은 벽옥으로 만들었다. 곱은옥은
귀고리나 수식(펜던트)에, 대롱옥은 여
러 개를 연결하여 목걸이로 사용하였다.

고 있고, 원삼국시대 초기 유적에서 발견되는 바디와 실감개 등을 보면 청동기시대 후기에는 원시 직조기 정도가 존재하였음을 짐작할 수 있다.

천을 잇대어 옷을 만들고 꿰매는 작업에는 바늘이 필요한데, 이러한 바늘로는 뼈바늘이 많이 사용되었다. 함북 굴포리 서포항 유적과 나진 초도 유적에서는 뼈바늘 여러 개가 들어 있는 바늘통이 출토된 바 있다. 이 밖에 간단하게 만들 수 있는 나무바늘도 많이 사용되었다.

청동기시대에는 옥이나 돌, 청동 등으로 장신구를 만들어 다는 것이 일반적이지는 않았다. 무덤에서 출토되는 것을 보면 대체로 신분이 높은 사람이 지녔던 것으로 판단된다. 색깔이 있는 돌이나 옥을 몸에 걸치는 것은 단순히 치장만 하려는 목적이 아니라 지위를 나타내거나, 성공·부귀(富貴)·장수·번식을 가져다 주는 호부(護符)로서 필수품에 가까웠다. 그러나 남녀의 장신구는 뚜렷한 차이를 보이지 않는다.

가장 대표적인 장신구는 귀고리와 목걸이다. 귀고리에 주로 사용된 재료는 천하석(天河石)을 갈아 만든 곱은옥[曲玉]이다. 초생달형의 곱은옥에는 작은 구멍이 뚫려 있어서 이 구멍에 실을 꿰어 고리를 만든 뒤 그 고리를 귀에 걸었을 것으로 추측된다. 실제로 전남 함평 초포리의 청동기시대 무덤에서는 곱은옥의 귀고리가 피장자의 귀 아래서 출토되었다. 목걸이로는 벽옥으로 만든 대롱옥[管玉]이 주로 사용되었다. 대롱옥은 원통형에 구멍이 나 있는데, 이 구멍을 통해 여러 개의 대롱을 연결하여 사용하게끔 되어 있다.

팔찌로는 조개껍질로 만든 것과 옥으로 만든 것이 사용되었으나 귀고리나 목걸이보다는 발견된 예가 아주 적다. 이 밖에 활석제와 천하석제의 반달형 치레거리[垂飾]와 구형(球形) 소옥 등이 장신구로 사용되었으며, 드물지만 청동의 장신구도 곡옥·소옥 등으로 만들어졌다. 장신구는 아니지만 옷이나 그 밖의 물품에 붙였던 장식으로 청동단추가 있다. 우리 청동기 문화와 관련이 깊은 중국 동북 지방에서는 청동단추를 활집이나 가죽신발 등에 장식으로 붙여 사용하였으므로 유사한 예로 추측해 볼 수 있다.

## 교역

청동기시대에도 물자의 교역은 활발하게 이루어진 것으로 추정되지만 이것을 증명할 만한 화폐나 도량형에 대해서는 밝혀진 것이 없다. 단지 석기 제작소와 같은 유적이 발견되어 한 곳에서 다량으로 만들어진 석기들이 다른 지역들에 물물교환 형식으로 공급되었을 가능성을 높여 주고 있다.

경북 청도 사천동 유적에서는 겹쳐 있거나 제작중인 석기가 다수 발견되었고, 청동기시대 말기 유적으로 여겨지는 대구 연암산 유적에서도 홈자귀〔有溝石斧〕를 비롯한 많은 석기들이 제작중인 상태로 발견되어 석기 제작소로 추정되고 있다. 이러한 유적들에서 한두 종류의 석기들이 다량으로 만들어진 것은 당시에 가장 많이 쓰이던 농·공구용 석기를 화폐 대신 교역용으로 사용하였음을 시사한다. 이는 신석기시대의 긴 돌도끼나 원삼국시대의 쇠도끼〔鑄造鐵斧〕, 그리고 삼국시대의 쇠판〔鐵鋌〕을 화폐 대신으로, 즉 지금(地金)으로 사용한 것과 동일하게 여겨진다.

청동기시대의 교역을 추정하게 하는 것으로 소금을 들 수 있다. 소금은 동물에게 꼭 필요한 물질로 사람도 성인의 경우 1일 12~13그램이 필요하다. 사냥을 통해 짐승을 잡아먹고 그 짐승의 염분을 섭취했던 때와는 달리 농경에 의해 식물을 주된 양식으로 삼게 되자 소금의 필요성이 증대되었을 것이다. 청동기시대 한 마을에 30채의 집이 있고 여기에 각각 4명씩 살았다고 가정할 때, 그 마을의 1일 소금 필요량은 1,440~1,560그램이므로 결코 적지 않은 양이다.

　우리나라에는 암염(岩鹽)과 소금호수가 없었던 것으로 볼 때, 소금
은 바닷물에서 얻었을 것이 틀림없다. 아직까지는 바닷물에서 소금을
얻기 위한 장치인 제염토기(製鹽土器) 같은 것이 발견되지 않았지만,
소금을 얻기 위한 여러 가지 방법이 알려지고 또 이를 위해 교역로가
생겼을 것으로 추정할 수 있다. 해안 지역에서 생산된 소금은 내륙의
농산물이나 짐승, 석기 등과 교환되었을 것이다. 비록 후대이기는 하지
만 3세기 무렵 중국의 사서인 『삼국지(三國志)』「위서(魏書)」‘동이전
(東夷傳)’에 오곡·생선·소금을 멀리서 운반하여 공급했다는 기록을
보아도 내륙과 해안의 교역 수단으로 소금이 사용되었음을 짐작할 수
있다.


## 예술

　예술은 무(無)에서 유(有)를 만들어내는 창조적인 행위이자 그 산물
이다. 그림이나 조각이나 음악이 모두 그러하다. 선사시대의 이러한 창
조 행위는 경제 논리에서 비롯된 경우가 많다. 청동기시대에도 회화나
조각에 표현된 것은 대부분 사냥과 어로에 관한 내용이 많고 조각품에
도 돼지와 같은 동물이나 사람을 표현한 것이 많다. 그 표현 내용대로
이루어지기를 기원하는 뜻이 담겨 있는 것이다.
　청동기시대의 예술품으로는 암각화와 조각을 들 수 있다. 이 밖에 토
기류나 청동기 등의 공예품도 있겠으나 이에 대해서는 따로 설명하기
로 한다.
　암각화는 절벽이나 바위의 편평한 면에 음각으로 그린 그림을 말하
는데, 당시의 생활상이나 의식 행위를 파악하는 데 좋은 자료가 된다.
가장 대표적인 암각화는 경남 울주군 반구대 유적의 그림이다. 강변 암

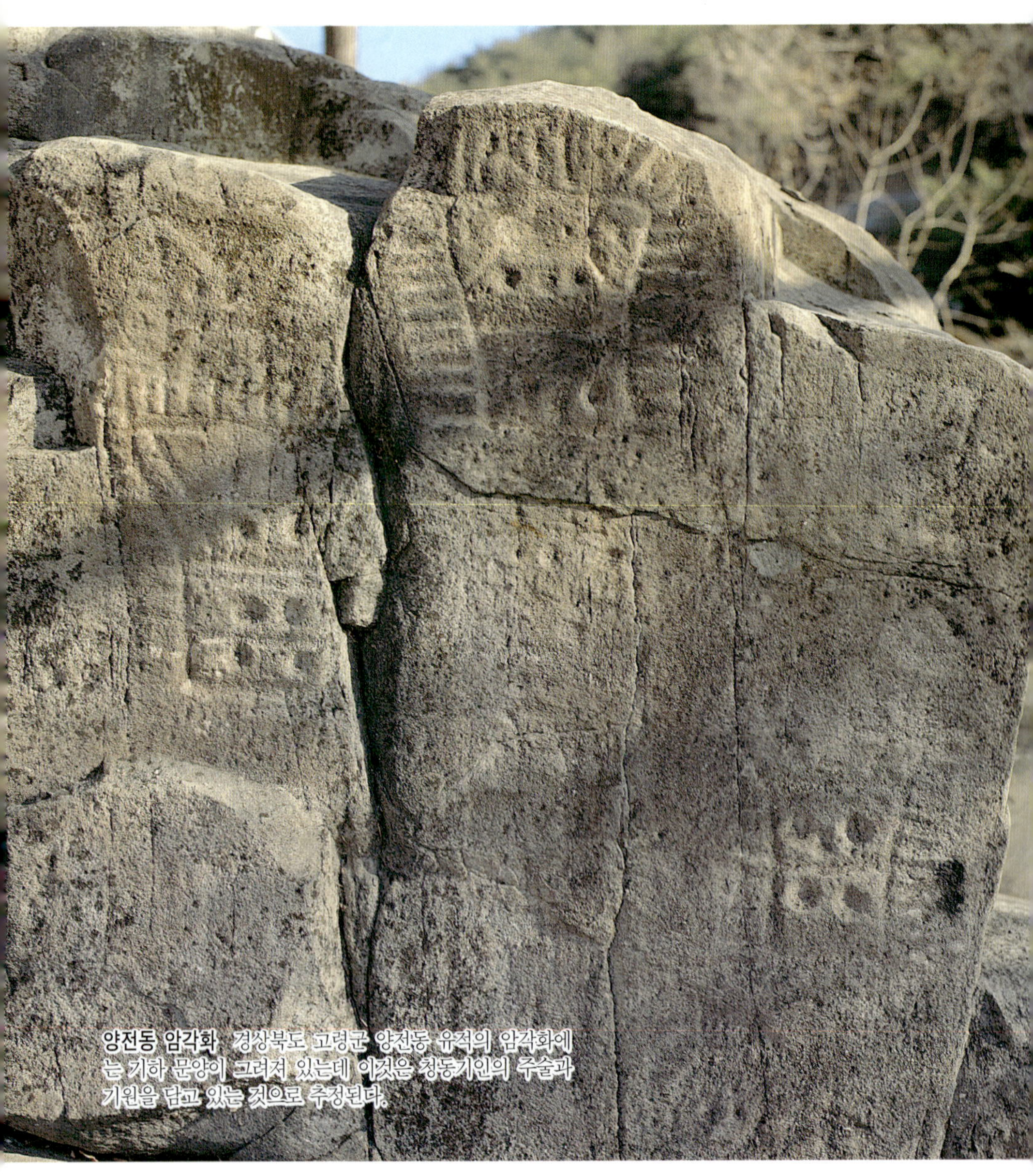

양전동 암각화  경상북도 고령군 양전동 유적의 암각화에
는 기하 문양이 그려져 있는데 이것은 청동기인의 주술과
기원을 담고 있는 것으로 추정된다.

벽의 아랫부분에 새겨져 있는데, 여기에는 바다짐승과 뭍짐승 그리고 여러 사람이 배를 타고 있는 모습과 울타리 등이 표현되어 있다. 이 그림은 전체적으로 청동기인의 생활 터전으로서의 자연환경, 특히 당시의 동물에 대한 깊은 관심과 이들의 번식에 대한 바람 그리고 그들에 대한 숭앙(崇仰) 등을 나타낸 것이다.

그림의 내용이나 바위를 쪼아내고 갈아낸 기법 및 표현 방식 등으로 보아 시베리아를 포함한 북아시아 일대의 암각화 전통과 관련이 깊을 것으로 추측된다.

이곳에서 강의 상류 쪽으로 약 2킬로미터 떨어진 곳에서 발견된 천전리 암각화에는 짐승 외에 마름모·동그라미·소용돌이 등 기하학적인 무늬가 표현되어 있으나 전체적으로는 반구대 암각화와 통한다. 경북 고령 양전동의 강가에 있는 암각화에는 동심원과 십자형 그리고 가면과 같은 추상 양식의 그림들이 그려져 있는데, 이것은 시베리아 아무

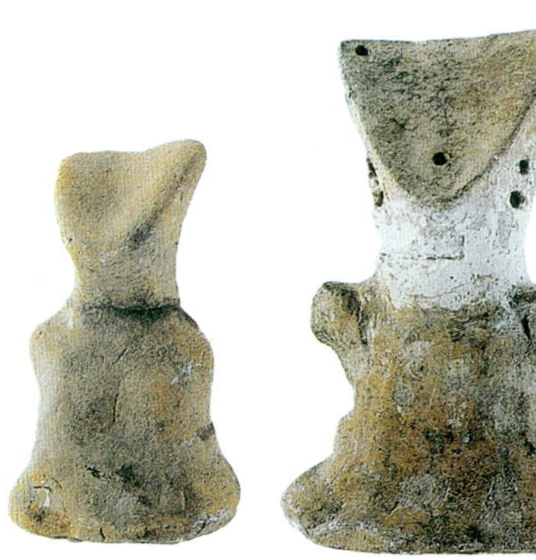
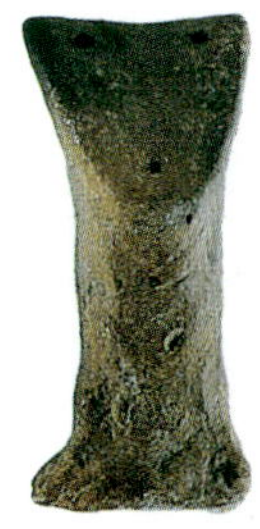

**범의구석 유적 출토 조각품**  함북 무산의 범의구석 유적에서는 흙으로 빚어 만든 남자상이 출토되었는데, 이는 남성에 대한 일종의 숭배사상에서 만들어진 것으로 추정된다.

르(Amur)강 유역의 암각화 등과 통하는 것으로 알려져 있다.

이 밖에 고인돌의 윗돌〔上石〕에는 칼이나 화살촉 그림 등이 새겨져 있는데 이것은 내세에서도 무덤에 묻힌 사람을 보호할 수 있다는 관념에서 비롯된 듯하다. 이러한 암각화들은 주로 영남 지역에서 발견되고 있으며, 전북 남원과 전남 여수 지역에서도 발견된 바 있다.

조각품으로는 흙으로 빚어 만든 남자 조각품과 돼지 조각품이 있다. 웅기군(지금의 선봉군) 서포항 유적에서는 9~12센티미터에 이르는 소형 남자 조각품들이 발견되었는데 이러한 조각품은 무산 범의구석 유적에서도 출토된 바 있다. 눈·코·입 등은 가는 꼬챙이 같은 것으로 찔러 표시하거나 꾹꾹 눌러서 표시하였으며, 귀는 고리형으로 만든 것도 있다. 이들은 남성에 대한 일종의 숭배사상에서 만들어진 것이 아닌

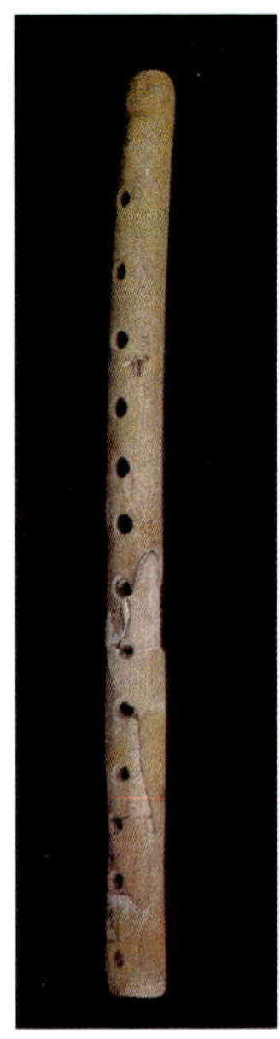

**뼈피리** 함북 웅기군 굴포리 유적 청동기시대층에서는 새의 다리뼈를 잘라서 만든 뼈피리가 출토되었다. (왼쪽)

**원개형동기** 한국식동검문화의 성립기에 사용된 청동 의기 가운데 하나이다. 두드려서 소리를 내는 징과 같은 역할을 한 일종의 무구로 추정된다. (아래)

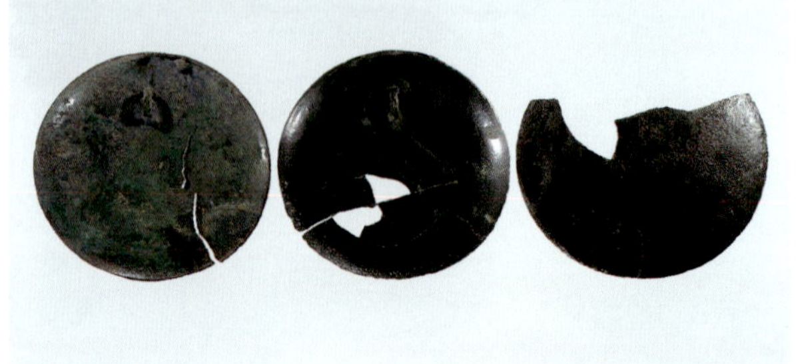

가 추정되고 있다. 돼지 조각품은 범의구석 유적에서 나왔는데 길이 5
~6센티미터 정도이며 불쑥 나온 주둥이와 등을 두드러지게 잘 묘사하
였다.

음악에 관한 자료는 극히 적어서 웅기 서포항 유적에서 발견된 뼈피
리가 유일하다. 뼈피리는 길이 13.5센티미터, 직경 1센티미터이고 새
의 다리뼈를 잘라서 만든 것으로 한 줄로 일정한 간격을 두고 구멍을
뚫었다. 현재 확인할 수 있는 구멍은 13개이다. 북과 같은 타악기 역시
청동기시대의 샤머니즘(Shamanism) 요소로 볼 때 분명히 사용되었을
것으로 추측되지만 전하는 것은 없다.

또한 청동 제품 가운데 원개형동기(圓蓋形銅器)는 의기와 함께 반출
되고 있고 깨어지거나 금이 간 채로 출토되는 경우가 많다. 무당(샤먼)
이 사용하는 징과 그 형태가 유사한 점 때문에 타악기로 보는 견해도
있다.


## 무덤


죽음은 산 자와의 영원한 이별이며 누구도 피할 수 없다. 죽음에는
공포와 불안, 슬픔 등이 따르게 마련이다. 그래서 사람들은 영혼의 존
재나 내세를 믿었던 모양이다.

무덤을 쓰는 방식은 사회적 관습의 하나로 통일을 이루는 경우가 많
아 보수적이고 상당한 전통성을 가지게 된다. 시신(屍身)을 잘 묻으려
고 무덤을 꾸미는 이러한 전통은 신석기시대부터 있어 왔으나 대부분
주검을 매장한 뒤 약간의 돌을 모아 덮은 정도의 간단한 구조를 가진
것이었다. 본격적으로 무덤이 꾸며지고 정형화되며 또 다양해지는 것
은 청동기시대부터이다. 청동기시대의 무덤으로는 고인돌〔支石墓〕·돌

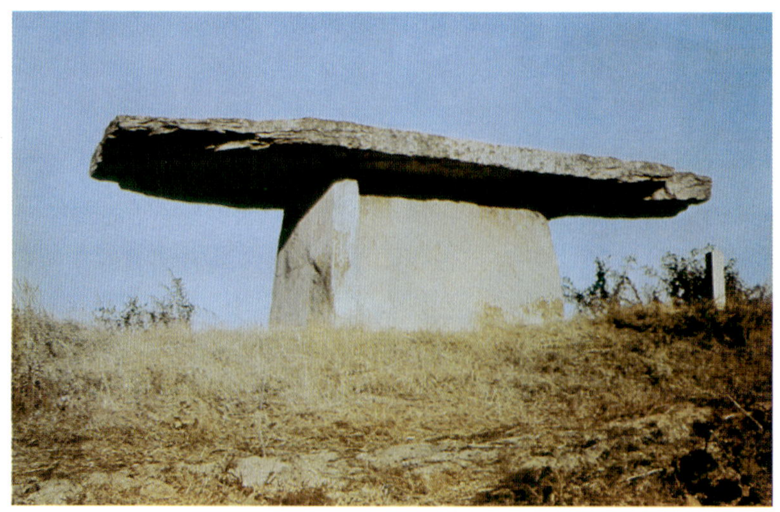

**북방식 고인돌**  북방식 고인돌은 주검을 안치하는 곳(주검칸)이 지상에 드러나 있다. 황해도 은율의 북방식 고인돌처럼 윗돌의 크기가 8미터에 달하는 것도 있다.

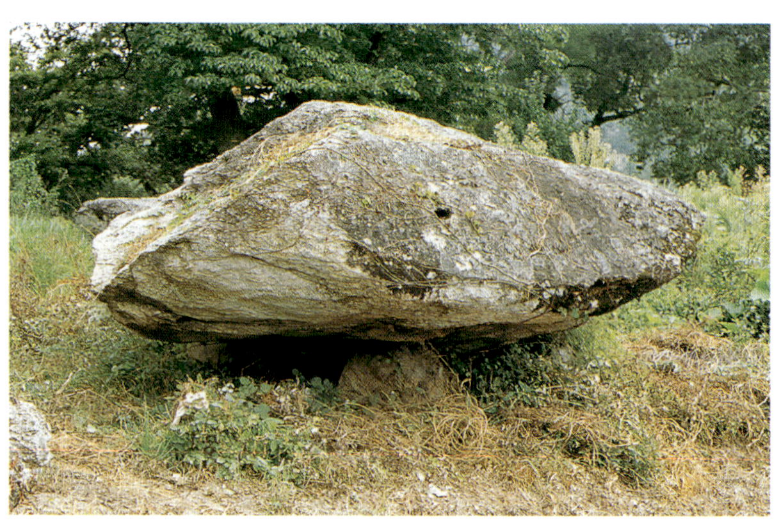

**남방식 고인돌**  남방식 고인돌은 주검을 안치하는 주검칸이 지하에 설치되어 있다. 전남 해남 연정리 소재

널무덤〔石棺墓〕·나무널무덤〔木棺墓〕·독널무덤〔甕棺墓〕 등이 대표적이다.

## 고인돌

고인돌은 유럽을 비롯해 인도·동남아·중국의 절강성 및 요령성·일본의 큐슈 지방에 이르기까지 넓은 지역에서 발견되고 있는데, 특히 우리나라에 가장 많이 분포하고 있다(약 3만여 기). 평안북도와 함경북도 등 북부의 산간지대를 제외한 전국에 고르게 분포하며 그 중에서도 대동강 유역을 중심으로 한 평안남도와 황해도, 전라도 등 주로 서해안 지역에 밀집되어 있다. 전남 지역에만 2,300여 개소에 약 2만여 기가 분포한다. 청동기시대 전기에서 중기 후반에 걸쳐 조성된 대표적인 무덤 형식으로 집단적으로 묘역이 꾸며지는 것이 특징이다.

이들 고인돌은 모양과 짜임새에 따라 크게 북방식과 남방식으로 나눌 수 있다. 북방식은 주로 우리나라 북부에 분포하고, 남방식은 주로 남부에 분포하여 이렇게 이름이 붙여졌지만, 이것은 상대적인 것이며 북한에서도 남방식 고인돌이 많이 발견되고 있다. 학자들 가운데 고인돌의 모양을 따서 북방식은 탁자식(전형적인 형태)이나 조사된 지역의 대표적인 지명을 붙여 오덕형으로 부르고, 남방식은 변형(變型) 또는 침촌형으로 부르는 경우도 있다.

북방식 고인돌은 주검을 안치하는 곳 즉 주검칸이 지상에 드러난 것이며, 남방식 고인돌은 주검칸이 지하에 설치된 것이다. 남방식은 다시 큰 윗돌을 굄돌로 괸 바둑판식〔支石式〕과 굄돌이 없는 개석식〔無支石式〕으로 나누어진다. 이들 고인돌 형식 가운데 어느 것이 먼저 만들어졌는지에 대해서는 아직까지 명확하게 밝혀지지 않았다. 다만 일본 큐슈 지역의 고인돌이 모두 남방식인 것으로 보아 남방식이 뒤늦게까지 남아 있었으리라고 추측된다.

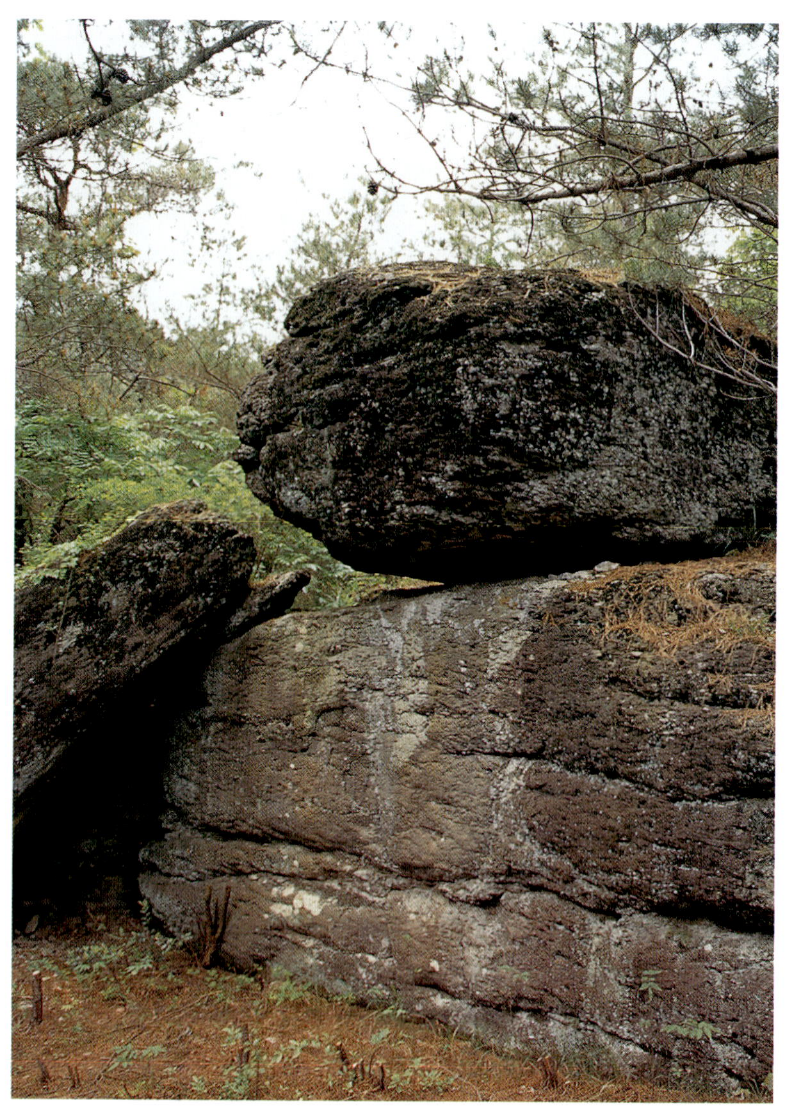

**화순 고인돌 채석장**　고인돌을 축조하기 위해서는 큰 돌을 떼어낼 수 있는 채석장이 필요하다. 전남 화순 효산리에서도 채석장 유적이 발견되었다.

고인돌 윗돌의 크기는 2~4미터 정도가 보통이나 황해도 은율의 북방식 고인돌처럼 8미터에 달하는 것도 있으며 소형은 1미터 미만인 것도 있다. 이처럼 고인돌의 축조에는 큰 돌들이 사용되므로 돌을 떼어내는 채석장이 필요하였다. 대체로 운반하기 쉽도록 인근의 산에서 떼어내었는데, 평남 용강군 석천산·전북 고창 성틀봉·전남 화순 효산리 등지에서 이러한 채석장이 발견되고 있다.

고인돌은 한 지역에 수십 기씩 군집되어 있는 경우가 많고, 또 소형이 적지 않으며 시신과 함께 묻은 유물이 빈약한 경우도 많아, 지배자의 무덤이라는 종전의 설은 설득력을 잃게 되었다. 또한 지하에 무덤칸이 설치되지 않은 것이 있어서 고인돌 가운데 일부는 묘역을 상징하는 표시로 세워지고, 일부는 장례 의식을 행하던 제단으로 사용된 것으로 여겨진다.

고인돌을 세우는 데는 많은 인력이 필요하므로 협동과 결속을 다지기 위한 공동체 사회의 한 방안으로 이러한 고인돌들이 만들어졌을 것으로 생각된다. 고인돌에서 출토되는 껴묻거리〔副葬品〕는 대체로 돌칼〔石劍〕·돌살촉〔石鏃〕·적색마연토기〔赤色磨硏土器, 紅陶〕·대롱옥 등으로 통일성을 보이며, 이삭을 따는 도구인 반달칼도 출토되고 있다.

## 돌널무덤

돌널무덤은 고인돌과 함께 청동기시대를 대표하는 무덤 형식이다. 청동기시대 전기에서 후기에 걸쳐 많이 조성되었으며, 전국적으로 발견되고 있다. 돌로 널을 만들어 쓴 무덤으로, 널의 네 벽과 바닥 그리고 뚜껑돌을 각각 1, 2매의 판석을 사용해서 상자 모양의 널로 만든 무덤(돌상자무덤)과 깬돌을 쌓아 만든 널을 가진 것의 두 종류가 있다. 땅속에 돌널을 묻고 그 위 땅 표면에는 흙을 야트막하게 쌓아 무덤을 만들었으나, 오늘날 지상에서는 그 흔적을 찾기 힘들다.

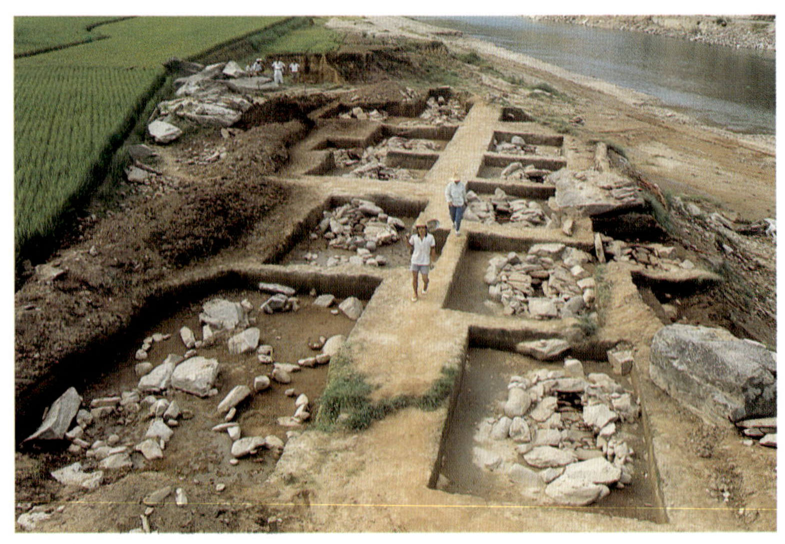

**고인돌의 무덤칸**  고인돌의 윗돌 아래쪽은 돌널무덤의 구조를 갖추고 있다.

　돌상자무덤〔石箱墳〕은 깬돌을 쌓아 만든 돌널무덤보다 이른 시기에 출현한 것으로 고인돌과 함께 발견되는 경우가 많다. 또 돌널 자체가 남방식 고인돌의 널로 쓰이기도 하고 출토 유물도 공통되는 것이 많아 같은 시대의 무덤 형식으로 여겨진다. 이것은 문화상으로는 주민의 동화가 이루어졌으나, 종족상으로는 동화가 제대로 이루어지지 않아 각기 전통에 따라 서로 다른 무덤을 사용한 것으로 풀이된다. 고인돌과 마찬가지로 돌상자무덤도 규모가 큰 것과 작은 것이 있는데, 이것은 대체로 성인과 소인 그리고 매장법 즉 펴서묻기〔伸展葬〕와 굽혀묻기〔屈葬〕 등의 차이에서 연유하는 것 같다.

　이러한 돌상자무덤은 단독으로 발견되기도 하고 몇십 기가 한 지역에서 함께 발견되는 경우도 있다. 바닥에 토기 조각들을 깔아 놓은 경우가 많으며, 속에 다시 나무널을 안치한 경우도 있다. 껴묻거리로는

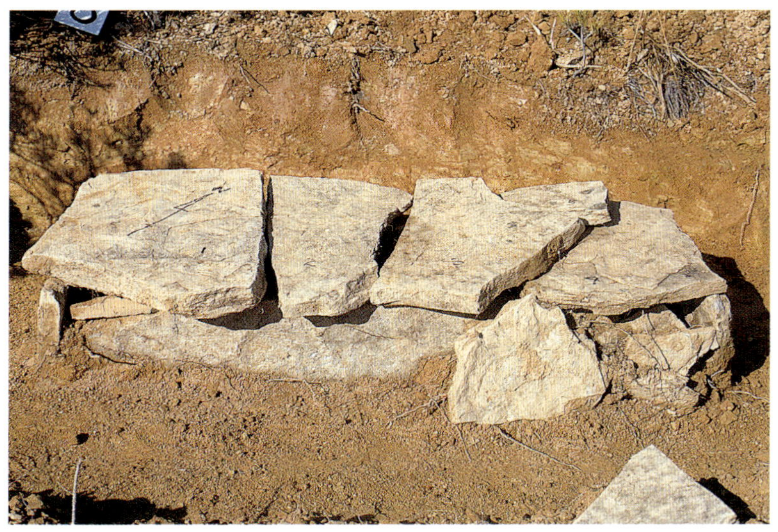

**돌널무덤** 돌널무덤에는 돌상자무덤 외에 깬돌을 쌓아 널의 네 벽을 만든 것과 판석 여러 매를 잇대어 널의 네 벽을 만든 것이 있다.

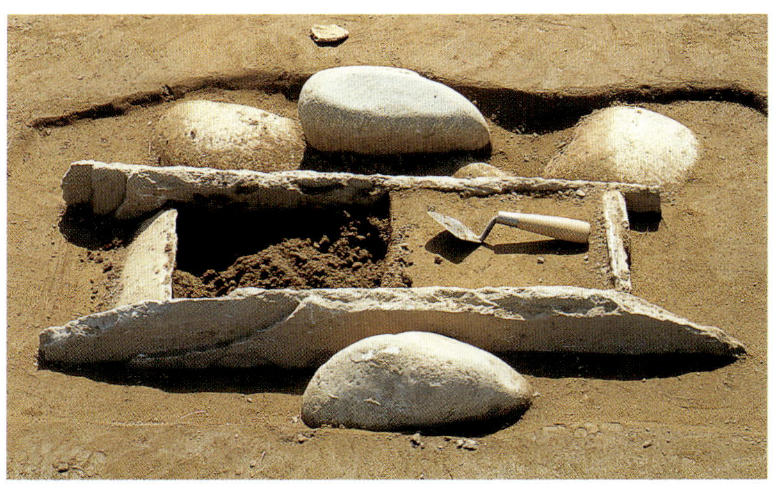

**돌상자무덤** 돌널무덤 중에서도 널의 네 벽과 바닥 그리고 뚜껑돌을 각각 1~2매의 판석을 사용해서 상자 모양의 널로 만든 무덤이다.

주로 돌칼·돌살촉·요령식동검·동촉·적색마연토기 등이 출토되고 있다.

돌널무덤은 깬돌을 쌓아 널의 네 벽을 만들고 바닥과 뚜껑에는 넓적한 돌들을 사용하였는데, 이러한 것은 그 수가 얼마 되지 않는다. 무덤 속에서 큰 돌들이 발견되는 것으로 보아 상부에는 나무뚜껑을 덮고 돌무더기를 쌓았던 것으로 추정할 수 있다. 이러한 무덤에서는 대체로 한국식동검과 거친무늬거울 그리고 천하석제 귀고리인 곱은옥 등이 껴묻거리로 출토된다.

그 밖에 나무널이 썩은 뒤 돌만 남아 돌널처럼 보이는 것들이 있는데 이것은 엄밀하게 말하자면 주위를 돌로 채운 나무널무덤〔圍石木棺墓〕이다.

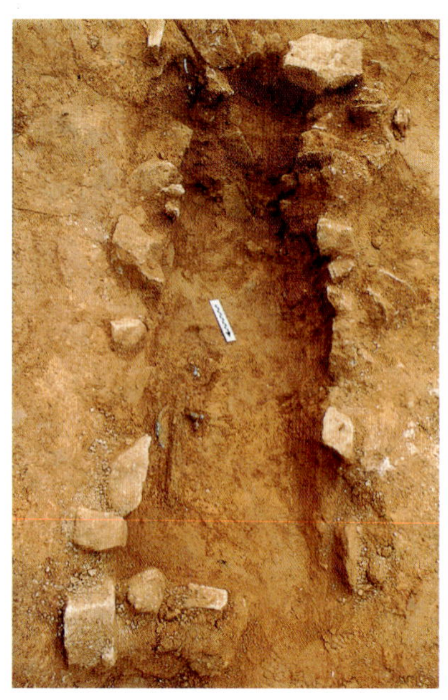

**초포리 유적**  전남 함평 초포리 유적은 나무널 주위에 돌을 채운 형식의 무덤이다. 이 유적에서는 한국식동검·청동거울·의기 등의 껴묻거리가 다량 출토되었다.

## 나무널무덤

움무덤[土壙墓]이라고 불리우던 무덤이다. 대부분의 무덤은 움을 파고 시신을 묻기 때문에 움무덤이란 용어는 거의 모든 무덤에 적용될 수 있다. 나무널은 잘 썩기 때문에 움 속에서 발견되는 경우가 적어 그냥 움무덤으로 불리운 것이다.

일반적으로 지하에 수직으로 장방형의 움을 파고 나무널을 안치한 뒤 그 위에 흙을 덮은 무덤을 나무널무덤이라고 한다. 나무널무덤 가운데 오래된 형식은 움을 2단으로 파고 돌뚜껑을 덮은 것이다. 충남 공주 남산리, 부여 송국리, 전북 완주 반교리 유적 등지에서 발견되었다. 이 무덤에서는 돌칼과 돌화살촉이 껴묻거리로 출토되고 있다.

후기에 유행한 널무덤은 앞에서 언급한 나무널의 주위를 돌로 채워 만든 무덤이다. 나무널이 썩은 뒤 돌만 남아 돌널처럼 보인다. 이 형식의 무덤에서는 대체로 청동기 제작이 가장 활발하였던 시기의 유물, 즉 한국식동검·청동거울[銅鏡]·의기 등이 껴묻거리로 출토되고 있다. 전남 화순 대곡리, 함평 초포리 유적에서 발견된 무덤들이 대표적이다. 대부분 단독으로 조성되었으며 소규모의 무덤은 발견되지 않아 유력자의 무덤 형식으로 추측된다.

## 독무덤

독무덤은 청동기시대 중기에 돌널무덤·나무널무덤 등과 함께 조영된 무덤 형식으로 주검을 독에 넣어 땅속에 묻었다. 청동기시대에는 위생 상태가 열악하였고 의술이 발달되지 못해 유아 사망률이 높았다. 유아가 사망하면 성인이 사망하였을 때처럼 널을 따로 만들지 않고 일상 생활에서 사용하던 토기를 그대로 널로 바꾸어 사용하였다. 어린이 전용의 널과 무덤이라고 할 수 있다.

독무덤은 청동기시대 이후에도 계속 어린이 전용의 장제(葬制)로 채

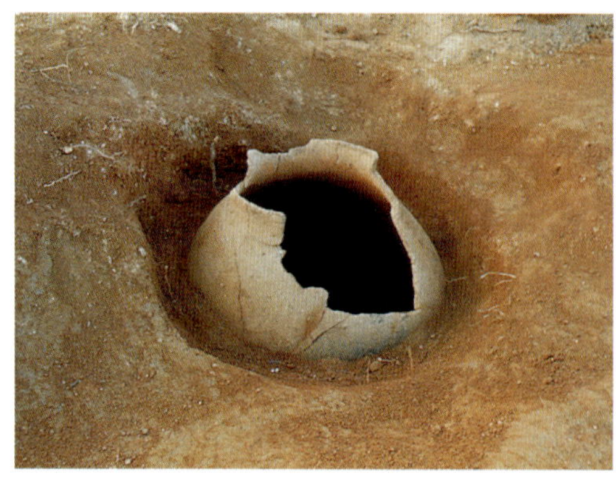

송국리형 독무덤 주검을 독에 넣어 땅속에 묻는 무덤 형태이다. 부여 송국리 유적에서 처음 발견되어 송국리형 독무덤이라고도 하며 껴묻거리는 거의 발견되지 않았다.

택되다가, 고분시대(古墳時代, 봉분이 있는 큰 무덤들이 만들어진 시대. 대체로 4세기 이후)에 이르러 성인 전용의 대형 독무덤도 만들어지게 된다. 근대에 이르러서도 지역에 따라 어린이가 죽었을 경우 옹기로 만들어진 독을 이용해 독무덤을 쓴 경우가 있어서 그 전통성을 실감케 한다.

대체로 땅을 수직으로 또는 비스듬히 판 뒤 움 속에 주검이 담긴 토기 독널을 묻는데, 뚜껑은 돌이나 토기 또는 나무판 등을 사용하였다. 움의 바닥은 움푹 패이고 독널의 바닥에는 작은 구멍이 나 있는 경우가 많다. 성인의 무덤인 돌널무덤이나 나무널무덤 사이에서 발견되는 경우가 많지만 집중적으로 발견되기도 한다. 또한 집자리 부근에서 발견되는 경우도 있다.

이러한 독무덤은 부여 송국리 유적에서 처음 발견되었기 때문에 송국리형 독무덤이라고도 부르는데, 공주 남산리, 전북 익산 무형리·석천리, 전남 영암 장천리·곡성 연화리, 경남 거창 대야리 유적 등 서남부 일대에 주로 분포되어 있다. 껴묻거리는 거의 발견되지 않았지만, 간혹 대롱옥으로 된 목걸이가 출토되기도 한다.

# 공예

청동기시대에는 신석기시대와 마찬가지로 토기·석기·뼈뿔연모를 비롯해 각종 목기류의 제작이 활발히 이루어졌다. 물론 여기에 청동기 제작 기술이 더해져 훨씬 새롭고 다양한 문화 내용을 전개하게 되었다. 특히 안정된 농경 위주의 정착 생활은 사회를 조직적이고 전문적으로 바꾸어 놓는 큰 변혁을 가져와, 공예도 분화되며 각 부분이 크게 발달하게 되었다.

## 토기

청동기시대에는 많은 양의 토기가 제작되었는데 그릇 모양과 무늬 등에서 신석기시대의 빗살무늬토기와 비교하여 큰 차이를 보인다. 청동기시대에는 무늬가 없는 토기가 많기 때문에, 빗살무늬토기에 대비되는 이름으로 무문토기라고 부른다.

무문토기는 일반적으로 갈색 계통의 색깔을 띠고 무늬가 없으며 편평한 바닥을 가진 다소 거친 바탕흙을 가진 토기를 말하지만, 신석기시대나 원삼국시대 그리고 역사시대의 무늬가 없는 토기는 무문토기라고 부르지 않고 청동기시대나 철기시대의 토기만을 지칭한다.

무문토기는 이름 그대로 무늬가 없는 토기가 대부분이지만 단순한 선(線)무늬나 구멍무늬 등이 있는 경우도 있으며, 그릇 표면에 붉은색이나 검은색의 색깔을 입힌 것도 있다. 빗살무늬토기와 비교할 때 큰 차이점은 문양이 거의 보이지 않는 점과 바닥이 모두 편평한 점 그리고 바탕흙에 점성이 많은 진흙과 굵은 모래알이 많이 섞여 있는 점 등이다. 무문토기는 빗살무늬토기처럼 강한 지역성을 가지고 있으며 전통성도 비교적 강한 편이다. 크게 평안북도를 중심으로 하는 지역군과 압록강 중·상류 지역군, 함경도(동북) 지역군, 평안남도·황해(서북) 지

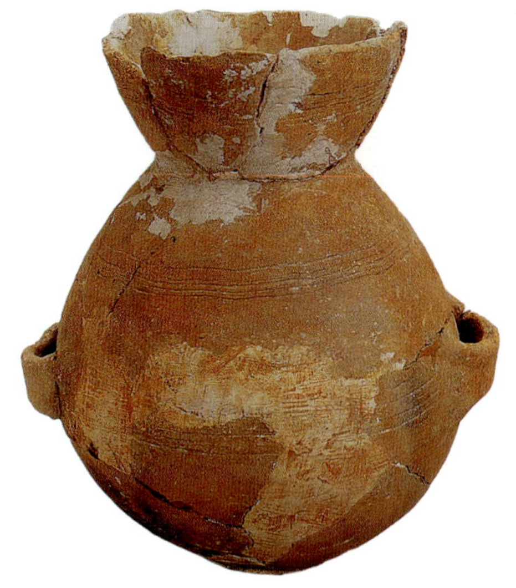

**미송리형토기** 무문토기 형식 중에서 평안도 지방과 요동 지역 일대에 주로 분포하는 토기로 짧게 밖으로 퍼진 목과 부른 배 그리고 띠고리 손잡이를 가진 작은 항아리 모양이다.

역군, 남한 지역군 등으로 나누어 볼 수 있다.

평안북도 지역군은 중국의 요령 지방 일부와 평북 그리고 평남 일부까지를 포함한 지역이다. 이 지역군의 대표적인 그릇 형태는 짧게 밖으로 퍼진 목과 배가 부르고 길쭉한 몸체 그리고 띠고리 손잡이가 가로로 달린 작은 항아리 모양으로 미송리형토기라고 불리운다. 이와 함께 꼭지형 돌기가 달린 작은 발형(鉢形) 토기도 출토된다.

압록강 중·상류 지역(북한의 자강도 지역)을 대표하는 토기는 짧은 목이 달린 항아리 모양 토기로 세로로 띠고리 손잡이가 달린 형식이다. 공귀리형 토기라고 불리우는 이 형식의 토기는 바리형토기, 구멍무늬 토기 등과 함께 발견된다.

함경도 지역군은 회령 오동, 무산 호곡, 나진 초도 등의 함북 지역을

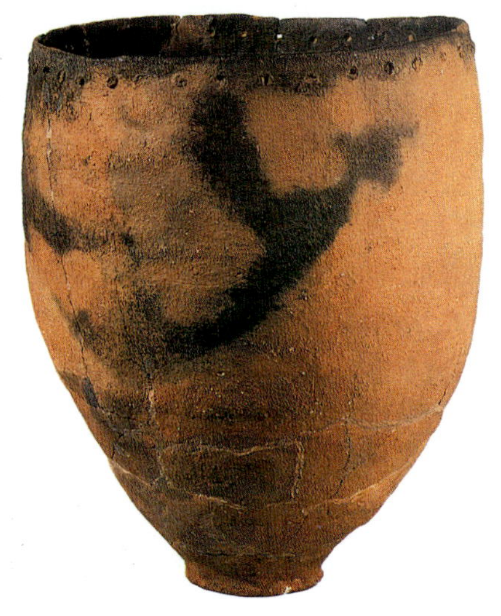



비롯해 북청 중리, 원산, 영흥 등의 함남 지역을 모두 포함한다. 이 동
북 지방을 대표하는 토기는 깊은 바리 모양〔深鉢形〕에 입 부분이 똑바
로 섰거나 약간 밖으로 바라지고, 입 부분 바로 아래에 구멍 문양을 한
줄로 돌린 것을 특징으로 하는 구멍무늬토기이다. 이러한 구멍무늬는
이 지역 빗살무늬토기에서도 보이고 있어 신석기시대 빗살무늬토기 전
통에서 만들어진 것으로 추측된다. 이 구멍무늬토기 외에도 바리형토
기의 입술에 눈금을 새긴 토기, 산화철과 같은 안료를 칠하고 마연하여
만든 적색마연토기도 이 지역의 특징적인 토기 가운데 하나이다.

　평안남도·황해 지역군은 대동강 유역과 황해도 봉산·황주, 경기도
강화까지를 포함한다. 이 지역의 대표적인 그릇은 팽이형토기이다. 입
을 겹으로 감싸 넘겨 두툼하게 하고 겹싼 부분에는 간단한 빗금무늬를

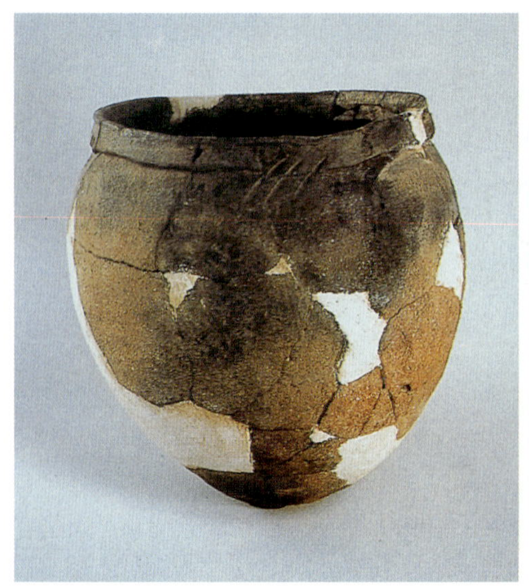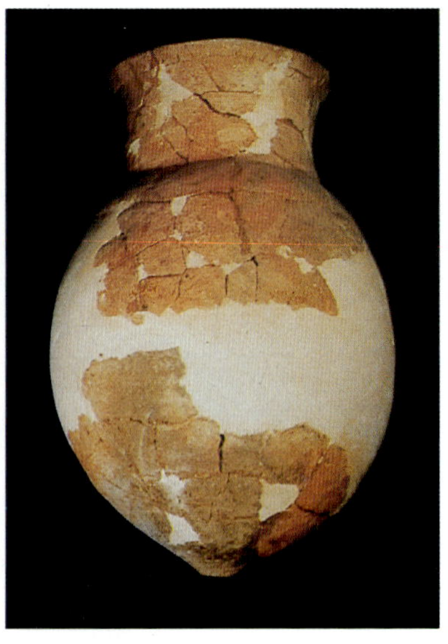

**팽이형토기** 우리나라 서북 지역(평안남도·황해도)을 대표하는 무문토기로 독 모양과 항아리 모양의 두 가지 형식이 있다. 입을 겹으로 감싸 넘기고 겹싼 부분에는 짧은 빗금무늬를 새겼으며 밑굽은 몸체에 비해 아주 작아 불안정하게 보이는 것이 특징이다.

새겼으며 밑굽은 몸체에 비해 아주 작아 불안정한 모습을 하고 있다. 전체적인 모습과 입 쪽에 남은 사선무늬로 보아 구멍무늬토기처럼 빗살무늬의 전통을 이어받은 것으로 추측된다.

남한 지역군은 대체로 경기도 파주·여주 등과 한강 유역 이남의 남부 지역 전체를 포괄한다. 이 지역의 유적들은 대부분 우리나라 동북 지방과 서북 지역의 영향을 받아 복합된 양상을 보이고 있으나, 동북 지방의 영향이 다소 강한 느낌이다. 구멍무늬토기·변형된 팽이형토기·적색마연토기·입술에 눈금을 새긴 토기 등 양 지역에서 보이는 토기들이 출토되고 있으며, 이 밖에 무문토기시대 중기에는 송국리형

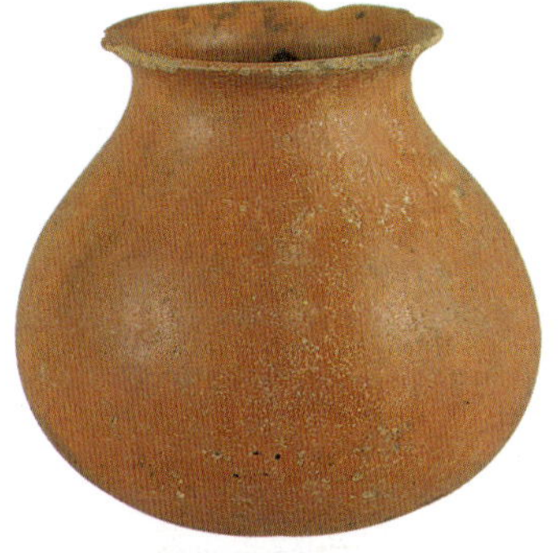

**적색마연토기** 토기를 만들어 굽기 전에 그릇 표면에 산화철을 바르고 잘 문지른 뒤 구우면 붉은색으로 발색이 된 토기가 나오게 된다. 이러한 토기는 일상 생활 용기보다는 제사용·의례용·부장용 또는 특수한 목적으로 만들어진 듯하다.

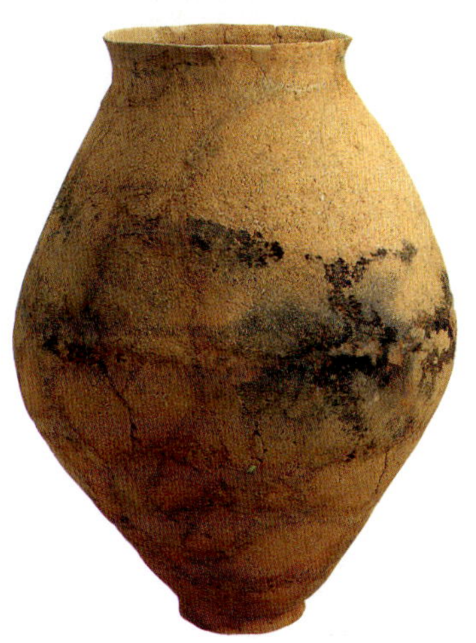

**송국리형토기** 짧고 밖으로 약간 벌어진 구연(口緣)과 배부른 동체를 특징으로 하는 무문토기 형식의 하나로 충남 부여 송국리 유적에서 많이 출토되어 이러한 이름이 붙게 되었다.

토기가 만들어졌다. 이것은 입 부분이 약간 밖으로 바라진 남한 지역 특유의 항아리이다. 청동기시대 후기에는 입술에 동그랗게 말린 점토띠를 덧붙인 바리형토기(점토대토기)와 검은 안료를 바르고 문지른 목

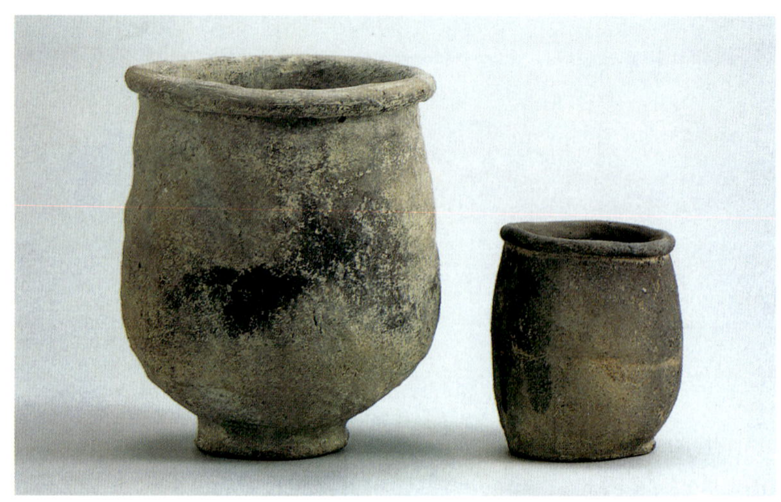

**점토대토기**  청동기시대 후기를 대표하는 무문토기 형식으로, 입을 둥글게 겹싸 넘긴 것을 특징으로 한다. 한국식동검문화를 대표하며, 중국 요령성과 일본 큐슈 지방에서도 이러한 형식의 토기가 발견되고 있다.

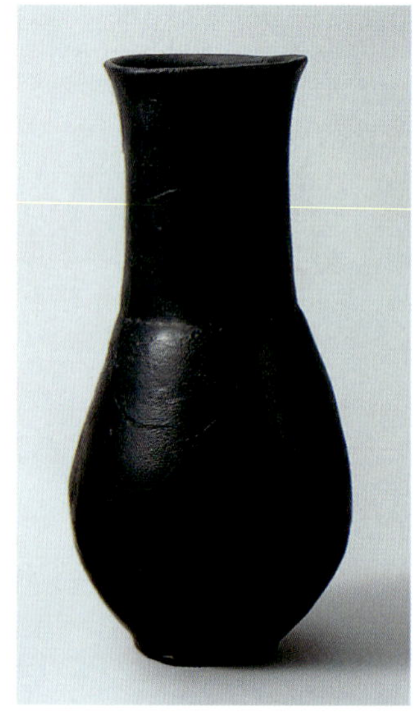

**목긴항아리(흑색토기장경호)**  점토대토기와 함께 청동기시대 후기를 대표하는 무문토기 형식이다. 소형의 목이 긴 항아리 형태로, 대부분이 검은색을 띠며 일부는 그릇 표면이 곱게 문질러져 있다.

긴항아리(흑색토기장경호) 등의 새로운 형식도 출현하였다.

## 석기

청동기시대라고 하지만 청동기의 사용은 극히 제한적이었고 석기가 많이 사용되었다. 이는 청동기시대의 생활 내용과 밀접한 관련이 있다. 즉 정착 생활에 필요한 주택 건설과 나무 울타리를 설치하기 위한 삼림의 벌채와 농경을 위한 목제 농기구의 제작에는 도끼와 같은 작업용 석기가 필수적이었으며, 전쟁 수행을 위해서는 무기가, 조직 사회의 지휘자가 지니는 권위의 상징물로는 위의구(威儀具)가, 빠른 수확을 위해서는 이삭을 따는 수확용 도구가 필요하였다. 귀하고 채취하기 힘든 광석을 사용하여 복잡한 공정을 거쳐야 만들 수 있는 청동으로 생활 도구 모두를 만들 수는 없었기 때문에, 석기가 많이 사용된 것이다.

석기 가운데 농경구로는 곰배괭이 · 낫 · 반달칼 등이 대표적이다. 곰배괭이는 청동기시대 전기에 많이 사용되었다. 무산 호곡 유적에서 볼 수 있는 것처럼 신석기시대 후기에 흔하게 쓰이던 이 괭이는 청동기시대에는 그다지 많이 사용되지 않았으나 회령 오동 유적을 비롯해 일부 유적에서 보이고 있다. 이 괭이류의 사용이 줄어든 것은 목제 농구가 제작되었기 때문일 것으로 추측된다. 반달칼도 신석기시대 후기 이래 계속 사용되었는데 청동기시대에 들어서는 그 형식이 훨씬 다양해진다. 반달 모양 이외에 장방형 · 빗 모양이 있으며, 중기 이후에는 형태가 삼각형이고 엇날을 가진 기능이 향상된 것도 만들어진다.

작업 도구로는 도끼를 비롯하여 대패 · 끌 · 자귀 등이 만들어졌다. 벌채용의 큰 도끼 외에도 크고 작은 여러 종류의 도끼들이 사용되었으며, 나무에 홈을 내거나 다듬는 데 사용하는 가공용의 외날 도구들도 많이 사용되었다. 청동기시대 중기 이후로는 홈자귀가 새로 만들어져 후기까지 유행하였다. 작업 도구 가운데 도끼 · 자귀 · 대팻날 · 끌 등은

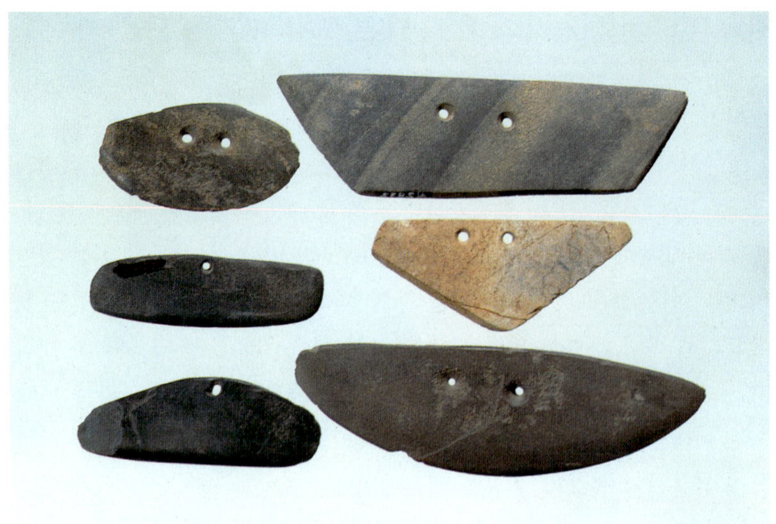

**각종 반달칼** 반달칼은 반달 모양이 일반적이나 빗·배·장방형·삼각형 등 그 형태가 다양하게 나타난다.

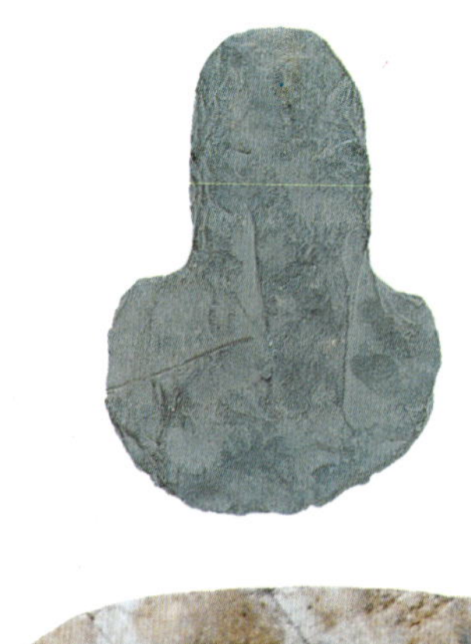

**낫과 곰배괭이** 돌로 만든 농경 도구로는 경작용의 곰배괭이와 수확용의 낫 그리고 반달칼 등이 있다.

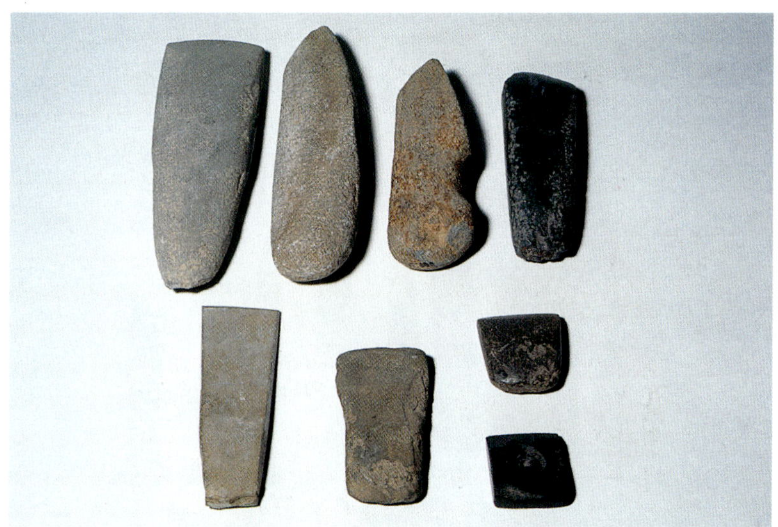

**석제 공구류(도끼, 자귀, 대팻날)** 청동기시대에는 나무를 자르고 가공하기 위한 석제 공구들이 많이 사용되었다. 도끼·자귀·끌·대팻날은 필수 공구였다.

공구 세트처럼 청동기시대의 기본적인 석제 도구였다.

무구류로는 돌칼과 돌살촉이 대표적이다. 이들은 주로 고인돌이나 돌널무덤 등 무덤 유적에서 발견되고 있어 실제로 무기의 기능을 가진 것인가는 확실하지 않으며 위의구로 사용되었을 가능성도 있다. 청동기시대 전기부터 보이는 우리나라 특유의 대표적인 석기로 중국에서는 보이지 않는다. 중기 이후에는 청동 무기류와 함께 껴묻거리로 무덤에 묻히게 되면서 점차 형식적으로 만들어졌다. 일본에서는 돌칼에 머리를 찔려 죽은 사람의 뼈가 발견되기도 하였다.

돌칼 이외에 위의구로 생각되는 석기로는 달도끼·별도끼 등의 곤봉두(棍棒頭)가 있다. 곤봉두는 실용성이 적어 보이지만 중국 북부와 유럽에서도 많이 발견되었다. 이러한 석기들은 공방에서 옥제 장신구들

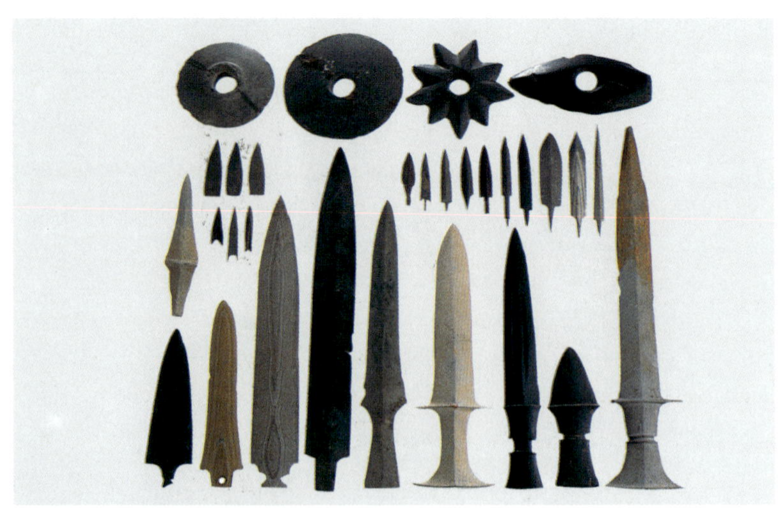

**곤봉두, 돌칼, 돌화살촉**　청동기시대의 석제 무기로는 돌칼과 돌화살촉이 대표적이다. 고인돌이나 돌널무덤과 같은 무덤에서 부장품으로 발견되는 경우가 많다.

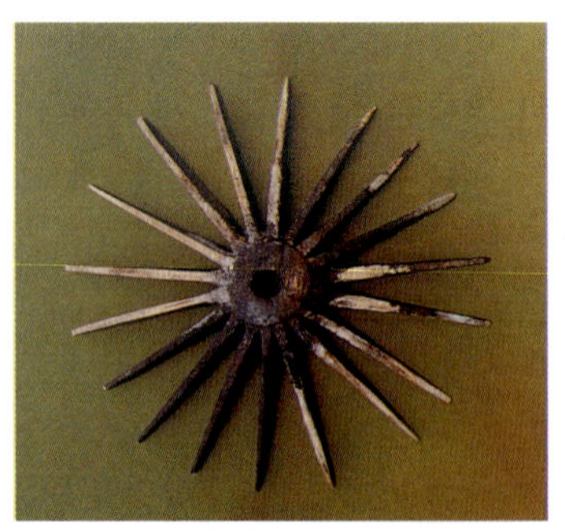

**곤봉두(별도끼)**　곤봉두는 지휘자가 지니고 있던 일종의 위의구였을 가능성이 많은 도끼와 같은 무기이다. 둥근 형태의 날을 가진 달도끼와 날이 여러 개로 나뉜 별도끼가 있다.

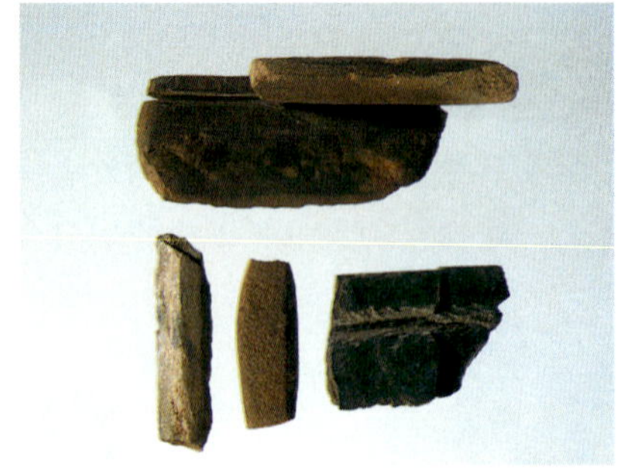

**썰개**　석기를 만들기 위해 점판암과 같은 석재를 자르는 데 사용된 도구이다. 앞뒤로 직선왕복 운동을 통해 석재를 자른다.

과 함께 한꺼번에 여러 점이 만들어지곤 하였다. '송국리형 움집'이라고 불리우는 공방에서는 석기를 자르기 위한 썰개와 석기의 재료가 되는 원석(原石) 그리고 숫돌과 석기를 제작할 때 생기는 돌부스러기 등이 발견되었다. 또한 석기에 구멍을 뚫기 위한 돌송곳과 활비비에 사용하는 돌고리 등도 함께 출토되고 있다.

### 뼈뿔연모〔骨角器〕

청동기시대의 뼈뿔연모는 대체로 사슴·노루와 같은 동물의 팔다리뼈와 뿔을 가지고 만든 것이 많은데, 잘 갈아서 가공하여 만든 것과 깨트려서 날카롭고 뾰죽한 한쪽 끝을 그대로 이용한 것 등이 있다. 뼈뿔연모의 종류는 크게 무구·농공구·어구·생활 용구·장신구 등으로 나누어 볼 수 있다.

무구류로는 뼈단검·뼈창끝·뼈살촉·뼈찰갑 등이 있다. 뼈단검은 짐승의 다리뼈를 길이로 쪼개어 갈아 만든 것으로 골수 자리를 피홈〔血溝〕으로 이용한 것이다. 함경도의 웅기 서포항 유적과 회령 오동 유적 등에서 출토되었는데 이 지역들에서는 다른 지역과는 달리 돌칼이 출토되지 않고 있다. 길이 20센티미터 내외의 뼈단검은 두만강 유역의 청동기 유적에서 종종 발견되는데 함북 회령의 건너편 기슭에 있는 중국 연길(延吉) 소영자(小營子) 무덤 유적에서도 발견된 바 있다.

뼈창끝도 짐승의 다리뼈를 세로로 절반이 되게 쪼개어 갈아서 만든 것으로 한쪽 면 또는 양쪽 면에 골수 자리가 있고 아래쪽에는 구멍을 뚫어 자루에 결박할 수 있게 하였다. 뼈살촉은 뿌리나래촉〔有莖鏃〕이 기본을 이루지만 짐승의 이빨을 갈아서 만든 몸의 형태가 이등변삼각형인 뿌리가 없는 촉도 있다. 안면도 고남리 유적에서는 사슴뿔을 갈아 만든 버드나무잎 모양의 살촉도 나왔다. 뼈살촉은 무구보다 사냥 도구로 사용되었을 것으로 여겨진다. 뼈찰갑은 무산 호곡 유적 집자리에서

두 쪽이 출토되었는데 사슴의 늑골로 추정되는 동물의 뼈를 얇게 갈아서 장방형으로 만든 것이다.

　농구류로는 사슴뿔로 만든 뿔괭이가 있고, 공구로는 송곳과 끌, 예새(도자기의 몸을 다듬는 데 쓰는 나무칼) 등이 있으나 송곳이 대표적이다. 뼈연모 가운데 수량이 가장 많은 것이 송곳이므로 가장 기본적인 공구였을 것으로 추측된다. 나진 초도, 회령 오동, 무산 호곡 유적 등에서는 70~88개씩이나 출토되었다. 형태가 다양하여 각기 용도에 차이가 있었을 듯하나 짐승의 팔다리뼈를 이용하여 만든 것이 많은데 관절 쪽이 손잡이가 되게 하여 끝만 약간 뾰족하게 가공하여 쓸 수 있도록 하였다. 방어와 같은 큰 물고기의 갈비뼈 끝을 뾰족하게 갈아 송곳으로 이용한 것도 있다.

　어구류로는 낚싯바늘과 찔개살이 있다. 낚싯바늘은 크게 두 종류로 나누어 볼 수 있다. 하나는 이음식 낚싯바늘이고 다른 하나는 보통 낚싯바늘이다. 서포항 유적의 청동기시대 문화층에서는 짐승의 뼈나 이빨을 갈아서 만든 이음식 낚싯바늘이 여러 점 출토되었는데 모두 한쪽 끝을 뾰족하게 하고 다른 쪽 끝은 홈을 치거나 턱을 내어 비끄러매기 쉽게 하였다. 갈고리 모양의 낚싯바늘은 호곡 유적 15호 집자리와 고남리 유적에서 출토되었는데 호곡 출토품은 뼈로, 고남리 출토품은 멧돼지의 송곳니로 만든 것이다. 찔개살은 길이가 10~16센티미터 정도로 모두 너비가 좁고 길이가 긴 형태로 한쪽을 막대에 묶기 좋게 다듬은 것이다.

　생활 용구로는 바늘과 바늘통, 숟가락 모양 연모 등이 있다. 바늘은 바느질에 필요한 생활 용구로 신석기시대 이래 계속 사용되어 왔다. 바늘의 크기는 대개 굵기가 1~2밀리미터, 길이가 2.5~9센티미터 정도이나 굵기가 4밀리미터, 길이가 15센티미터 이상이나 되는 것도 있다. 날짐승의 뼈·사슴뿔·가오리꼬리가시 등을 갈아서 만들었다. 대체로

머리 쪽을 납작하게 갈고 바늘
귀의 구멍을 뚫었는데 구멍이
매우 좁아 가는 실이나 펠 정도
이다. 머리 쪽에 구멍을 내지 않
고 한쪽 옆면을 오목하게 파내
어 실을 동여서 쓰도록 한 것도
있다. 바늘통은 짐승의 다리뼈
한쪽을 예리한 날로 여러 번 그
어 끊어서 통을 만든 것과 날짐
승의 다리뼈로 만든 것이 있다.
바늘통의 표면에는 음각으로 기
하무늬를 새기기도 하였다.

숟가락 모양 연모는 초도·서
포항·호곡 유적 등에서 출토되
었다. 길이는 다소 짧으나 자루
와 술의 구분이 뚜렷하여 요즈
음의 숟가락과 유사하며, 자루
에는 음각으로 무늬를 새긴 것
도 있다. 이 밖에 삿자리(갈대로

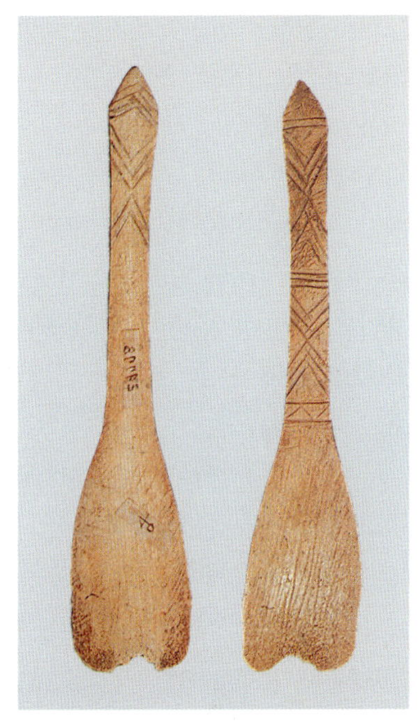

**숟가락 모양 연모**  함경북도 나진시의 초
도 유적에서 출토되었는데 요즈음의 숟가
락과 유사하다. 손잡이 부분에는 어골문을
새겼다.

결어 만든 자리)를 수선하는 데 사용하는 삿바늘도 발견되고 있다.

치레거리로는 대롱옥·고리옥·수식·빗 등이 있는데, 이들은 날짐
승의 다리뼈나 조개껍질 또는 짐승 이빨과 견갑골 등을 이용해서 만들
었다.

## 목기

목기는 유기체(有機體)라 잘 썩고 남지 않아 거의 발견되지 않는다.

그러나 원삼국시대의 목기를 보면 청동기시대에도 많은 목기가 제작·
사용되었을 것으로 추측된다.

청동기시대의 목기로는 경북 금릉 송죽리 집자리 유적에서 출토된
나무괭이와 황해도 신흥동·경주 조양동 집자리 유적, 논산 마전리·
대구 서변동 등의 수로 및 배후 습지 등 생활 유적에서 출토된 도끼자
루 정도가 알려져 있다. 그러나 대전에서 출토되었다고 하는 농경문청
동기를 보면 경작구인 따비와 괭이가 표현되어 있는데, 이는 모두 목기
를 표현한 것이므로 농구를 비롯한 많은 도구가 목기로 만들어졌을 것
으로 추정된다.

목기는 아니지만 전남 화순 대곡리에서는 나무널이, 부여 송국리 유
적의 집자리에서는 집에 사용된 서까래 등의 나무 결구재가 출토된 바
있다. 목기·목제품과 함께 사용되는 옻칠 공예도 활발하였을 것으로

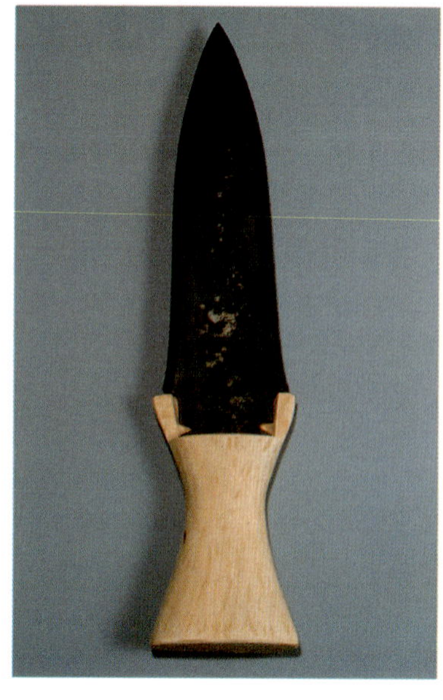

**나무 손잡이를 복원한 소형 마제석검** 부여
송국리 유적에서 출토된 소형 마제석검에는
불에 탄 나무 손잡이가 부착되어 있었다. 사
진은 이를 복원한 모습이다.

여겨지나 역시 발견 예가 적어, 아산 남성리 유적과 함평 초포리 유적에서 출토된 옻칠 조각(나무칼집에 칠해졌던 것) 정도가 알려져 있을 뿐이다.

# 신앙

청동기시대의 신앙과 관련된 고고학 자료는 별로 많지 않기 때문에 그 내용을 파악하기란 쉽지 않다. 마을 유적에서도 아직까지는 종교 집회소 같은 별도의 시설을 확인하지 못하였으며, 무덤 유적에서도 뚜렷한 근거를 찾지 못하고 있다. 다만 청동 유물이나 암각화 등을 통해 당시의 의례나 신앙의 면모를 추정해 볼 수 있으며, 무덤 주위에 뿌린 토기나 대롱옥 조각 등에서 정신적 의례의 면모를 엿볼 수 있을 뿐이다.

청동 유물 가운데는 그 형태가 독특하고, 특수한 무늬나 그림이 그려져 있는 것들이 있다. 예를 들면 방패형동기·검파형동기(劍把形銅器)·원개형동기·나팔형동기·견갑형동기(肩甲形銅器) 등이 그것이다. 이 밖에 이들 청동기에 새겨진 무늬들과 서로 공통성을 보이고 있는 청동 방울류, 즉 팔주령(八珠鈴)·쌍두령(雙頭鈴)·조합식쌍두령·간두령(竿頭鈴) 등이 있는데 이들은 모두 샤머니즘적 요소를 가졌으며 또한 의례에 사용되었다고 여겨지는 것들이라 청동 의기로 분류된다.

농경 장면이 새겨져 있어 유명한 방패형동기의 한쪽 면에는 따비와 괭이로 경작하는 장면과 수확한 곡물을 그릇에 담는 장면이, 뒷면에는 새(매 또는 독수리)가 나뭇가지에 앉아 있는 모습이 매우 사실적으로 묘사되어 있다. 이 내용은 농경 사회에서의 풍작(豊作)을 신적인 존재에게 희구하는 것이다. 농경이 생업과 직결되어 있을 때 풍작을 기원하는 것은 후대의 역사 기록을 보아도 잘 알 수 있는 사실이다. 새는 '샤

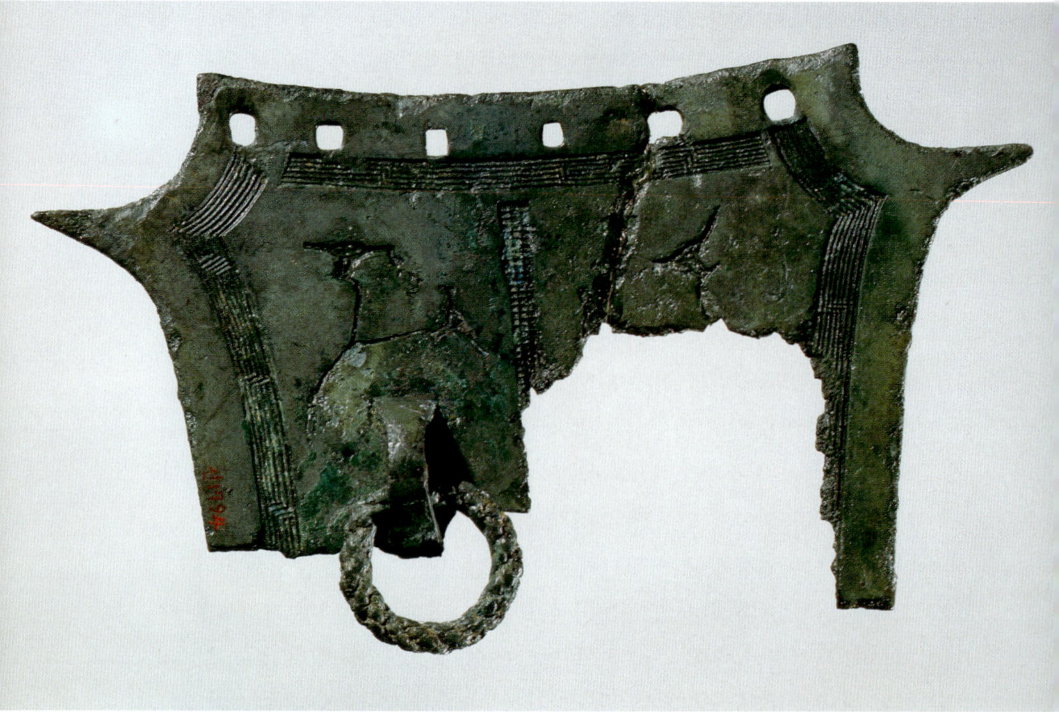

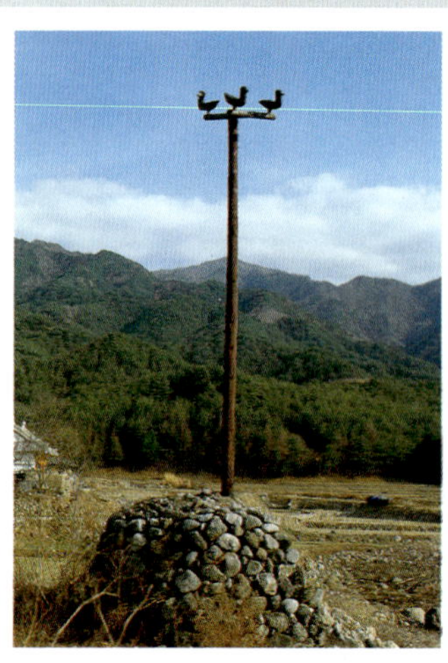

**농경문청동기(뒷면)** 대전에서 출토되었다고 전하는 농경문청동기의 뒷면에는 Y자 형태의 나뭇가지에 매와 같은 새가 서로 마주보고 있는 모습이 새겨져 있어 솟대와 같은 형상을 보여 준다. (위)

**솟대** 오늘날의 솟대 모습. 높은 장대 위에 새 두 마리가 마주하고 있다. 전북 남원 호경리 마을(왼쪽)

머니즘'에서 많이 등장한다. 시베리아의 여러 종족들에게 새는 '샤먼'의 의지를 따르고 명령을 수행하는 사자(使者)를 상징한다고 한다. 또한 예니세이(Yenisey)족은 매를 특별히 숭배한다고 하며, 독수리는 야쿠트(Yakut)족 사이에서 대장장이와 관계가 있는 것이라고 하는데, 대장장이와 샤먼은 동일한 기원을 가진 것으로 여겨지고 있다. 따라서 이 방패형동기는 농경 의례 때 지도자격인 인물이 하늘에 제사지내며 사용한 일종의 무구였다고 추정할 수 있다.

충남 아산 남성리와 예산 동서리 돌널무덤 유적에서 출토된 검파형동기에 표현된 사슴과 사람의 손 모양도 시베리아 샤머니즘과 관련이 깊은 것으로 보인다. 사슴은 샤머니즘에 자주 등장하는 동물로, 예니세이·브리야드족 샤먼의 모자에는 사슴뿔 형상이 붙어 있고 의복은 사슴가죽으로 만든 것들이 많다. 신라 금관의 녹각형 장식이 사슴뿔을 표현하고, 출(出)자형 장식이 신나무[神木]를 표현하며, 신라 금관의 형식이 샤먼의 모자 형식과 공통된다는 점은 잘 알려져 있다.

손의 표현 역시 샤머니즘 관계 유물에서 자주 볼 수 있다. 야쿠트 샤먼의 옷에는 쇠로 만든 손이 붙어 있고 에벤키 샤먼 장신구에는 금속제의 손들이 있다. 루리스탄·코반 출토 청동기들에도 손이 표현된 것이 있는데, 이것은 여성적인 신성(神性)을 의미한다.

원형유문동기(圓形有文銅器) 등에서 보이는 십자일광문(十字日光文)은 태양을 표현한 것으로, 시베리아 샤먼의 북에 표현되어 있는 태양, 시베리아 민속화에 표현된 태양과 연결될 수 있다. 방울류는 거울·칼 등과 함께 샤먼의 필수 도구이며, 이러한 무구들은 오늘날에도 상징적인 의기로서 대대로 전승되고 있다. 따라서 우리나라 청동기시대의 청동 의기들은 시베리아 여러 종족에게 퍼져 있던 샤머니즘과 깊은 관련을 지닌 유물로 볼 수 있으며, 신앙 역시 꼭 샤머니즘이라고 단정지을 수는 없지만 관련이 깊을 것으로 여겨진다.

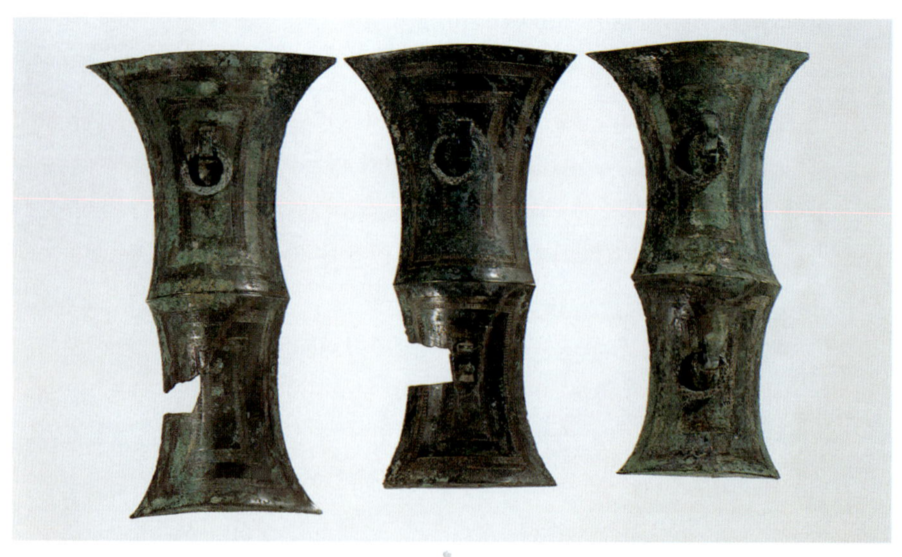

**검파형(대쪽 모양)동기**　검파형동기는 3점이 세트로 출토된다. 대전 괴정동 유적 출토

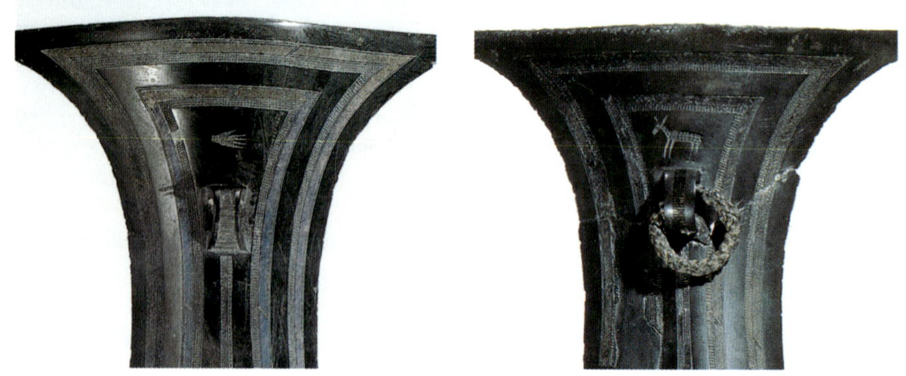

**검파형동기 부분**　충남 예산 동서리 돌널무덤에서 출토된 검파형동기에는 손이(왼쪽), 아산 남성리 돌널무덤에서 출토된 검파형동기에는 사슴이(오른쪽) 그려져 있어 시베리아 샤머니즘과의 관련성을 말해 준다.

　한편 울주 반구대의 암각화에는 당시 청동기인들의 수렵과 어로에 대한 내용이, 고령 양전동의 암각화에는 태양과 조상의 얼굴을 추상화한 모습이 표현되어 있는데, 이것은 단순히 예술상의 강한 느낌을 표현하고자 한 것만은 아니고 어떠한 목적 즉 바람이나 숭앙을 나타내고자 한 것이다. 즉 수렵과 어로의 성공을 위해서 또 하늘(태양)이나 조상들과의 영적인 접촉을 위해서 그린 것으로, 희구(希求)라는 종교적인 의미가 담겨 있다.

# 청동기 문화의 역사와 특성

앞에서 말한 바와 같이 우리나라의 청동기 문화는 크게 전기의 요령식동검문화와 후기의 한국식동검문화로 나누어 볼 수 있다. 전기의 청동기 문화는 그 내용으로 보아 중국의 요령성을 중심으로 한 요령식동검문화에 기원을 두며, 크게는 기원전 1,000년 무렵 중국 동북 지방과 한반도에 걸쳐 형성된 요령식동검문화권에 속한다고 할 수 있다.

우리나라의 요령식동검문화는 얼마 동안 지속되다가 기원전 4세기경에 북에서 새로운 문화 요소가 더해지면서 한국화된 청동기 문화 즉 한국식동검문화로 바뀌어 가게 된다. 이후 한국식동검문화는 중국의 청동기 문화 요소를 받아들이면서 발전하다가, 중국에서 철기가 유입되는 기원전 3세기 후반 또는 기원전 2세기 전반경부터 철기시대로 들어서게 되며, 청동기 문화는 쇠퇴하기 시작한다.


## 요령식동검문화

우리나라의 청동기시대 유적에서 발견된 청동 유물에는 무기가 많으며, 그 가운데 동검이 가장 많다. 그러므로 우리의 청동기 문화를 동검 문화로 일컬을 수 있다. 물론 초기의 청동기 문화 내용 가운데 요령식 동검문화와의 관계가 불확실한 일부 유물, 예를 들어 평안북도 용천군 신암리 유적에서 출토된 청동손칼과 청동단추, 나진 초도 유적에서 출토된 동제 대롱옥·원판형동기·장신구 등의 유물들이 있지만 이들은 아직 단편적인 현상을 보이며 전반적으로 유형을 갖춘 것은 아니다.

중국의 요령성 일대를 중심으로 전개되었던 요령식동검문화는 지역별로 조금씩 내용을 달리하여 크게는 요서 지방〔요하의 서부 지역을 일컫지만 대체로 노노아호산(努魯兒虎山) 산록 이서 지역〕의 하가점상층문화(夏家店上層文化), 요동 지방(요하의 동부 지역을 일컫지만 요서의 능하 유역을 포함한 지역)의 요동 요령식동검문화, 길림성 길림·장춘 지역의 서단산문화(西團山文化), 한국 요령식동검문화의 네 가지로 나누어 볼 수 있다. 이들 문화를 대표하는 유물은 '요령식동검'이다.

요령식동검은 그 형태적 특징에 의해 '비파형동검' 또는 '곡인(曲刃) 청동단검'으로, 지역적 분포에 의해 '요령식동검', '만주식동검'으로도 불리운다. 이 동검의 특징은 날이 있는 부분이 S자형으로 휘어져 있고, 칼몸과 손잡이 그리고 손잡이 위에 달린 장식이 각기 따로 제작되어 결합하여 사용하게끔 되어 있는 조립식 동검이라는 점이다. 이러한 특징은 칼몸과 손잡이를 한꺼번에 부어 만든 중국 중원 지역의 중국식동검 및 내몽고, 오르도스 지역의 북방계 오르도스식동검과는 큰 차이를 보인다. 이 요령식동검을 중심으로 한 문화가 요령 지역에서 유입되면서 우리나라는 진정한 의미의 청동기시대로 들어서게 된다.

요령식동검문화가 유입된 길은 잘 알 수 없으나, 관련 유적과 유물의 분포로 보아 요동 반도 쪽에서 서해안을 통해 서북·중서부 지역으로 먼저 들어왔을 것으로 추측되며 일부는 육로를 통해 함경도 지역으로 들어왔을 것으로 추정된다.

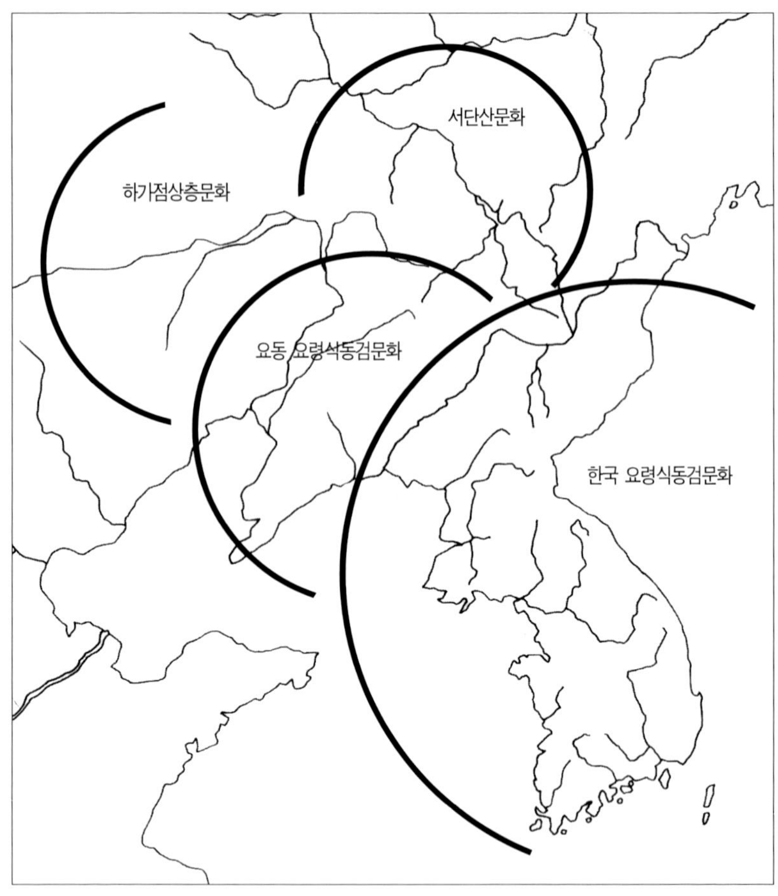


**요령식동검문화 분포도**　요령식동검문화는 요서 지방의 하가점상층문화, 요동 지방의 요동 요령식동검문화, 길림·장춘 지역의 서단산문화 그리고 한국 요령식동검문화의 4대 문화로 나누어 볼 수 있다.

우리나라의 요령식동검문화는 요령 지방의 요령식동검문화에 비해 비교적 단순한 내용을 보인다. 청동 무기로는 동검·투겁창〔銅鉾〕·동촉이 있고, 청동 공구로는 손칼·도끼·끌이 있을 뿐 요령 지방에서 보이는 마구류·의기류·장식류 등은 보이지 않는다. 또한 다량의 청동기가 함께 발견되는 경우는 거의 없으며 동검만이 돌칼·돌살촉·돌도끼 등 이 지역의 무문토기 문화에서 보이는 석기들과 함께 출토되고 있다.

**유적과 유물**

요령식동검문화 관계 유적, 즉 요령식동검 등의 유물이 출토된 유적으로는 돌널무덤·고인돌·나무널무덤과 같은 무덤 유적, 집자리 유적, 제사 또는 퇴장(退藏, 남몰래 감추어 놓음) 유적 등이 있다.

무덤 유적 가운데 돌널무덤은 황해도 배천 대아리·신평 선암리·사리원시 상매리 유적과 같이 널의 네 벽을 각각 한 매의 판석으로 조립한 돌상자무덤과 부여 송국리 유적과 같이 여러 매의 판석을 잇대어 만든 형식이 있고, 고인돌 무덤으로는 전남 승주 우산리·여천 적량동·고흥 운대리 유적 등을 들 수 있는데 대부분 전남을 중심으로 한 남부 지역의 남방식 고인돌인 점이 특징이다. 나무널무덤은 확실하게 알려진 것이 없으나 황해도 재령 고산리 유적과 연안 금곡동 유적 등이 나무널무덤 유적으로 추정되고 있다.

제사 또는 퇴장 유적으로 여겨지는 돌무지 유적은 너덜겅(산비탈의 흘러내린 돌무지) 속에 청동 유물을 넣어 두거나 몰래 감추어 둔 것 같은 유적이다. 경북 청도 예전동 유적과 황해도 개풍 해평리 유적이 이에 해당하며, 전북 무주 또는 경북 상주에서 출토되었다고 전하는 요령식동검 3점도 이러한 너덜겅에서 출토되었다고 한다.

동검이 생활 유적에서 출토된 예는 없으나, 요령식동검문화 계통의

유물인 부챗날도끼〔扇形銅斧〕의 거푸집이 부여 송국리 유적의 집자리
에서 발견된 바 있고, 평북 의주 미송리 동굴 유적에서는 청동제 부챗
날도끼가, 함남 영흥읍(지금의 금야읍) 집자리 유적에서는 요령식투겁
창의 거푸집이 발견되었다. 또한 함남 토성리 집자리 유적에서는 도끼
와 끌을 비롯해 많은 청동 유물이 출토되었다. 남부 지역에서는 출토되
는 유물의 정황으로 보아 이 요령식동검문화 내용과 송국리형 집자리
그리고 남방식 고인돌 무덤이 동일한 주민 집단에 의해 만들어졌거나
아니면 이들이 서로 밀접한 관계에 있었다는 것을 잘 알 수 있다.

　요령식동검문화에서 보이는 유물 가운데 청동기로는 동검·투겁창·
동촉 등의 무기류와 부챗날도끼·끌·손칼 등의 공구류가 있다. 장신
구로는 곱은옥·대롱옥·소옥 등의 옥제품이 있고 석기로는 돌칼·돌
살촉·돌도끼 등이 있다. 토기는 함께 출토되는 경우가 적고 지역별로
차이를 보이지만 대체로 북부 지역에서는 무문토기 형식 중 미송리형
토기와 팽이형토기가, 남부 지역에서는 송국리형토기가 이 동검 문화
내용과 관련이 깊다.

## 무기류

**요령식동검**　　중국의 동북 지방 특히 현재의 요령성 관내에 집중
분포되어 있고, 우리나라에서도 함경북도를 제외하고는 전국적으로 분
포하며 현재까지 약 60여 점이 발견되었다. 이 동검은 칼몸과 손잡이
그리고 손잡이 위에 붙이는 칼자루끝장식〔劍把頭飾〕의 세 부분으로 나
뉘어 있으며, 이를 함께 조립해서 사용하게끔 되어 있다.

　이 동검의 전형적인 형태는 칼몸 양 날의 위쪽이 튀어 나와 돌기를
형성하고 그 아래쪽은 좁아들다가 다시 둥글고 넓게 퍼져 전체적으로
비파의 모습을 하고 있다. 또 등대라고 하는 칼몸의 중앙에 있는 등골
뼈 같은 곳에는 튀어나온 부분〔脊突〕이 있으며, 손잡이와 결합되는 슴

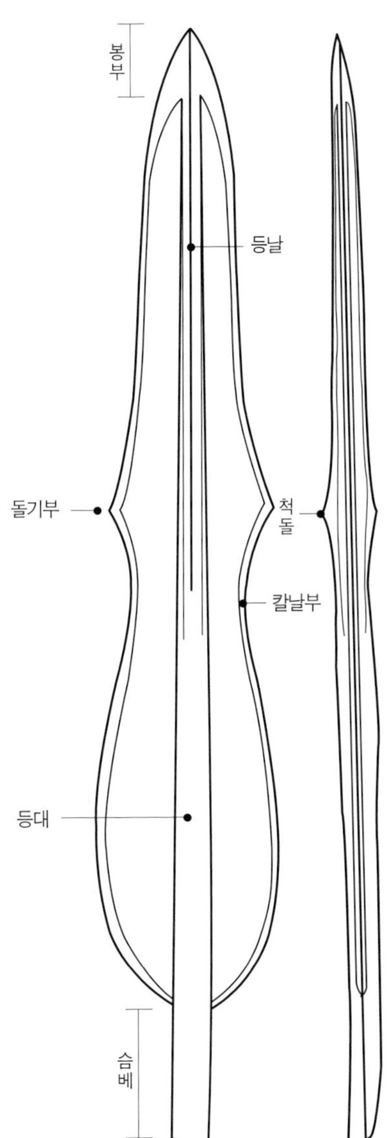



**요령식동검 각부 명칭**

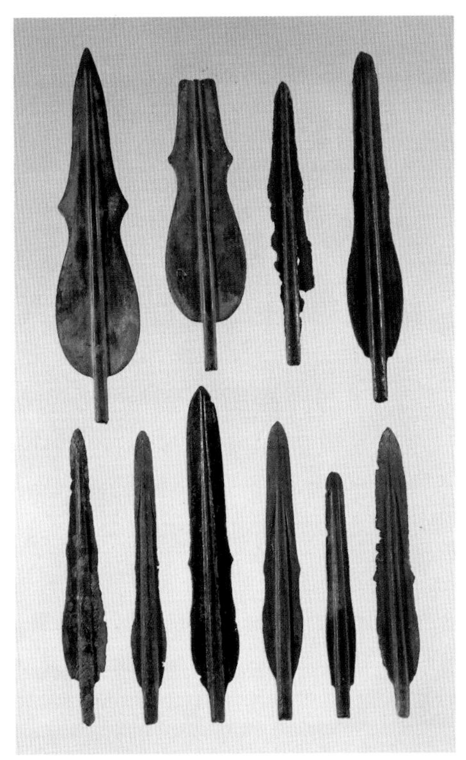

**요령식동검**  요령식동검은 칼몸과 칼자루 그리고 칼자루끝장식의 세 부분을 조립해서 사용하게 되어 있다. 각종 요령식동검의 칼몸 형태는 기본적으로 비파형이지만 시대가 내려가면 점차 폭이 좁아지는 경향을 보인다.

베는 긴 편이고 옆면에 얕은 홈을 낸 것도 있다.

전형적인 것에서 벗어난 것에는 날이 곧은 것도 있고, 척돌이 보이지 않는 것도 있다. 이 가운데 슴베에 홈이 패인 형식은 요령 지방에서는 보이지 않는 것이며, 우리나라에서도 중부 이남 지역에서만 출토되는 특수 형식이다. 칼몸의 형태는 후기로 갈수록 폭이 좁아지거나 척돌이 희미해지며, 돌기부가 없어지기도 해 전형적인 형태에서 벗어난다.

칼몸과 따로 만들어 조립하게 되어 있는 손잡이는 T자형의 특징적인 형태를 갖는다. 출토 예가 적어 현재까지 5점 정도가 알려져 있다. 동검에 비해 발견된 숫자가 적은 것은 나무 손잡이가 많이 사용되었기 때문으로 추정된다. 그리고 손잡이의 끝부분에 올려 놓아 결합하게 되어 있는 칼자루끝장식은 장식 또는 칼로 찌를 때 힘을 더하기 위한 가중기(加重器)로서의 역할을 한 것으로, 철광석·청동 등의 재질이 사용되었다.

칼집은 나무로 만들었기 때문에 거의 남아 있지 않으나, 요령 지역에

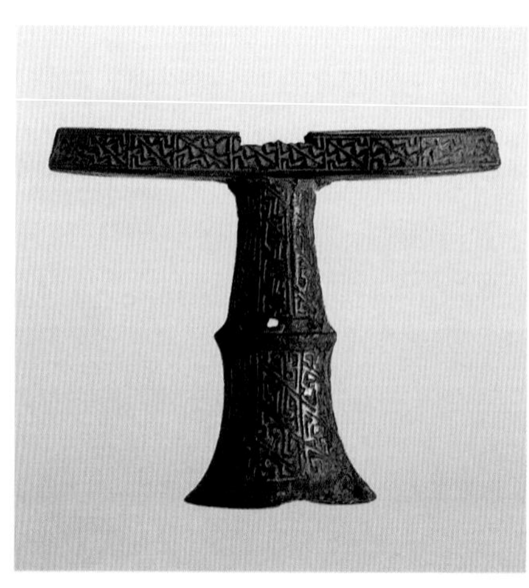

**요령식동검의 T자형 손잡이** 요령식동검의 손잡이는 T자형이다. 손잡이의 표면에는 기하 문양이 새겨져 있다. 황해도 신천에서 출토된 것을 비롯하여 5점이 알려져 있다.

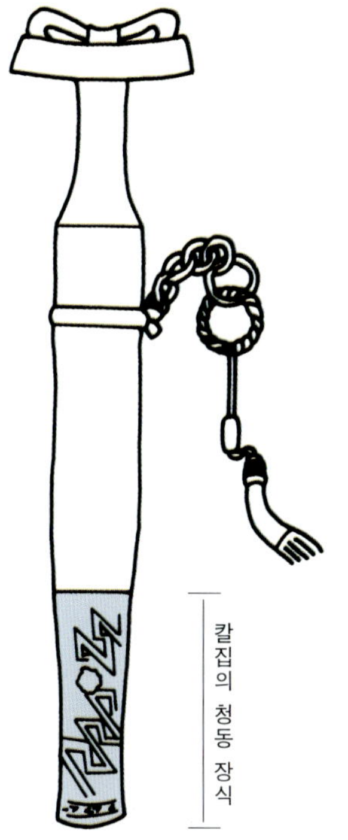



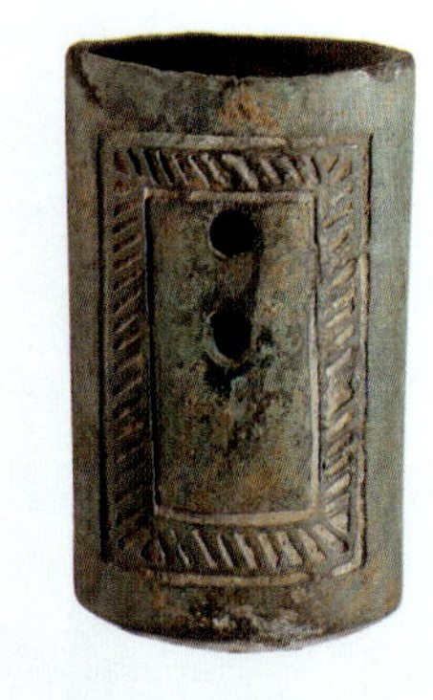

**요령식동검의 칼집 장식**  요령식동검의 칼집은 나무로 만든 것이 많지만, 칼집의 끝부분만을 청동으로 만든 것도 있다. 우리나라에서는 경북 상주군 낙동면에서 출토된 것으로 전하는 것 1점이 있을 뿐이다. (위)

**중국 심양 정가와자 유적 출토 요령식동검의 칼집 복원도**(왼쪽)

서 출토된 것을 보면 아래쪽에 청동 장식을 붙인 것도 있다. 우리나라에서도 동일한 형태의 청동 칼집 장식이 출토되었으나 출토지는 확실하지 않고 경북 상주군 낙동면으로만 알려져 있다. 요령식동검은 대체로 남방식 고인돌이나 돌널무덤, 퇴장 유적에서 출토되고 있다.

**요령식투겁창**  요령식동검에 비해 발견된 수량이 적다. 몸체의 형태는 요령식동검과 동일하나 동검과는 달리 슴베 대신에 창자루를 꽂을 수 있도록 긴 투겁이 달려 있다. 우리나라에서는 현재까지 거푸집을 포함해서 모두 14점 정도가 발견되었다. 평남·함남·강원·충남·전남 등 거의 전국적인 분포를 보이며, 주로 남방식 고인돌에서 출토되

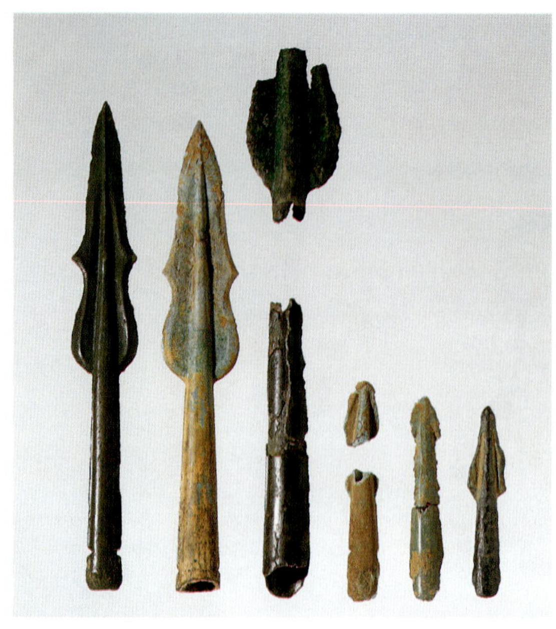

**요령식투겁창** 요령식투겁창은 몸체가 요령식동검과 같은 형태이나 동검과는 달리 자루를 꽂을 수 있도록 긴 투겁이 달려 있다.

고 있으나 집자리 유적에서도 발견되었다. 전남 여천 적량동 출토품과 같이 창몸의 폭이 좁고 투겁의 길이가 긴 형식과 함남 영흥읍 출토품과 같이 창몸의 폭이 전체 길이에 비해 넓은 것 그리고 평양 출토품과 같이 창날의 굴곡이 심하지 않은 것이 있다.

중국 동북 지방에서는 요서·요동·길림·장춘 지구에서 각각 요령식투겁창이 출토되었는데, 특히 길림·장춘 지구에서 많이 보이며 그 형태도 우리 것과 가깝다. 거푸집은 함남 영흥읍 유적과 강원 통천군 발산 유적에서 출토되었다.

**동촉**　동검·투겁창에 비해 발견 예가 적다. 요령식동검과 함께 출토된 동촉으로는 황해도 배천 대아리 돌널무덤의 뿌리나래살촉 1점 뿐이다. 피홈이 나 있고 양 날개의 끝이 역자식(逆刺式)을 이룬 형식의

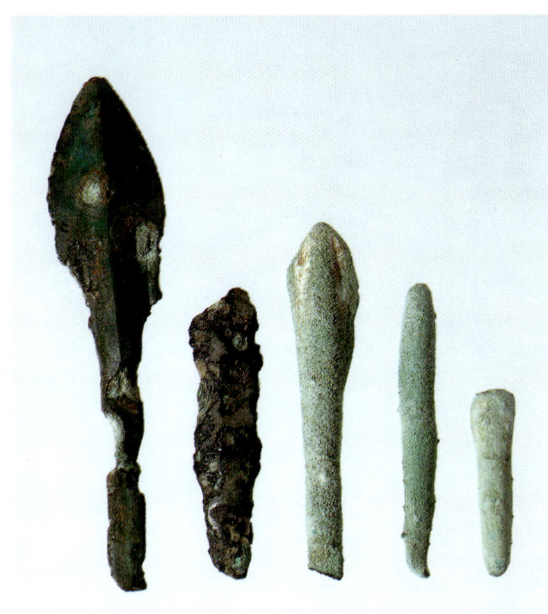

**각종 동촉** 고인돌에서 출토된 동촉들이다. 전남 보성 덕치리 유적에서 출토된 동촉(맨 왼쪽)은 동검을 갈아서 만든 것이다. 나머지는 경남 김해 무계리에서 출토되었다.

동촉은 황해도 사리원시 상매리 돌널무덤에서도 발견된 바 있다.

이 밖에 황해도 은천 약사동 북방식 고인돌, 배천 홍현리 돌널무덤, 경남 김해 무계리 남방식 고인돌, 전남 보성 덕치리 남방식 고인돌, 강원 강릉시 포남동 집자리 유적 등에서도 뿌리나래살촉이 출토되었는데, 유적과 함께 나온 유물들로 보아 모두 요령식동검문화기의 것으로 여겨진다. 이 가운데 덕치리 출토품은 요령식동검 파편을 갈아서 만든 2차 전용품이다.

이 시기에 중국에서 유입된 것으로 추정되는 중국식동촉이 몇 점 있는데, 경주에서 발견된 뿌리나래살촉 중에는 중국 섬서성 장가파의 서주(西周)시대 집자리에서 출토된 동촉과 똑같은 형식의 것도 있다. 이러한 동촉은 요서 지방의 하가점상층문화 유적에서 요령식동검과 함께

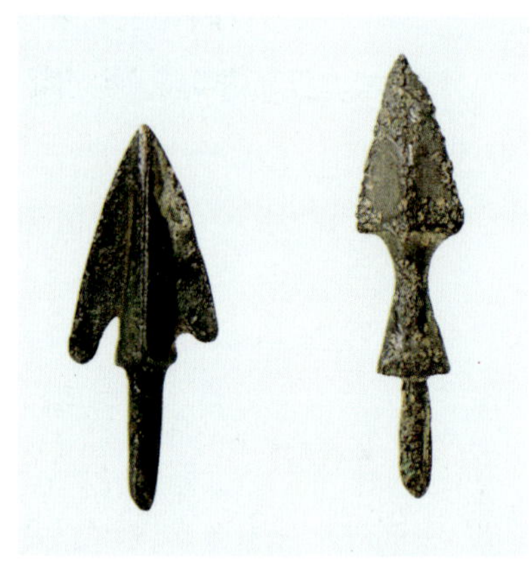

**서주시대 동촉** 경주에서 출토되었다고 전하는 이 동촉은 중국 서주시대의 전형적인 동촉과 똑같은 형태로 요령식동검문화기의 것으로 추정된다.

반출되는 것이므로 우리나라 요령식동검문화의 유입 배경과 연대를 알아볼 수 있는 좋은 자료로 여겨진다.

**중국식동검** 중국 춘추시대 후기부터 한대에 걸쳐 사용된 중국식동검이 전국(戰國)시대부터 유입된 것으로 추정된다. 요령식동검문화 후기 유적인 황해도 재령 고산리 유적에서 퇴화된 형식의 요령식동검과 함께 나온 중국식동검이 한 점 있다. 이 동검은 손잡이에 마디 두 개가 나 있는 소위 유절병식(有節柄式, 마디 있는 손잡이식)으로, 손잡이의 횡단면이 전형적인 중국식동검과는 달라 우리나라에서 모방하여 제작한 것일 수도 있다.

### 공구류

**투겁도끼(銅斧)** 투겁이 있는 도끼로 날이 부채꼴로 퍼진 부챗날도끼와 전체적으로 장방형을 띤 장방형도끼가 있다. 부챗날도끼는 평북 의주 미송리 유적에서, 도끼의 거푸집은 함남 영흥읍 유적과 부여 송국리 유적에서 발견되었다. 이러한 부챗날도끼는 요령 지방의 요령식동검문화 유적에서 많이 출토되고 있는데 요서 지구보다 요동 지구에서 더 많이 보인다. 장방형도끼는 황해도 고산리 유적에서 발견된 것 1점만 있을 뿐이다.

**끌〔銅鑿〕**　　이 시기의 끌로는 부여 송국리 돌널무덤 유적에서 출토된 것 1점과 평양 금탄리 8호 집자리에서 출토된 것 1점이 있다. 송국리 출토품은 요령식동검의 슴베 조각을 갈아서 만든 2차 전용품이며, 금탄리 출토품은 두께가 얇고 폭이 약간 넓은 편평한 것으로 투겁이 없다. 요령 지방에서 보이는 투겁이 있는 형식은 아직까지 출토되지 않았다.

**손칼〔刀子〕**　　손칼 역시 평남 개천 용흥리 유적 출토품 1점과 평북 용천 신암리 출토품 1점이 있을 뿐이다. 용흥리 출토품은 손잡이에 돌기가 나 있는데, 이러한 형식은 요령 지방의 하가점상층문화에서 주

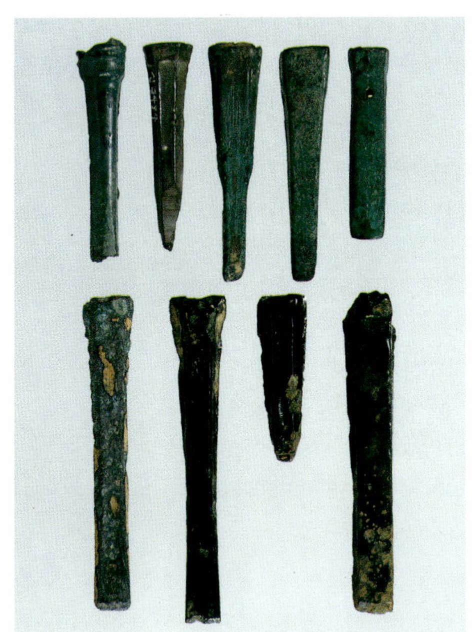

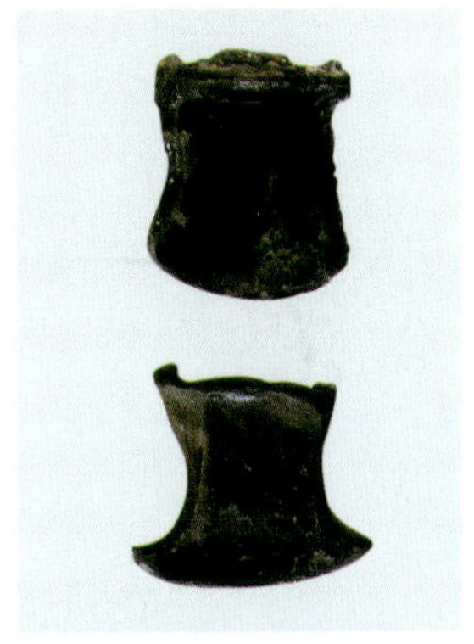

**부챗날도끼**　날이 부채꼴로 펴진 부챗날도끼는 요령식동검문화의 대표적인 공구이다. (위)

**끌**(왼쪽)

로 보이는 것이다. 신암리 출토품은 자루 끝에 고리〔環頭〕가 달려 있는데 요령식동검문화와 관련이 있는지는 알 수 없다.

### 기타

**단추**　　동포〔銅泡〕라고도 부르는 단추 모양의 장식품이다. 뒷면에 작은 고리가 부착되어 있어 가죽이나 천에 꿰매어 달 수 있다. 평북 강계 풍룡리 돌널무덤, 황해 봉산 신흥동 집자리, 함북 나진 초도 유적에서 발견되었다. 단추의 테두리에는 짧은 빗금무늬가 있다. 중국 심양의 정가와자(鄭家窪子) 유적 등 요령 지방 유적에서 출토된 활집이나 장화 등에 이러한 단추가 부착되어 있다.

**종방울〔銅鐸〕**　　청동기시대의 종방울 자료로는 나진 초도 유적에서 출토된 것 1점과 영흥읍 유적에서 출토된 거푸집이 있다. 두 점 모두 같은 형식이며 전체적으로 절두원추형(截頭圓錐形)을 띤다. 아래쪽과 중앙 상부에 횡으로 M자 또는 톱날무늬의 문양띠를 돌린 것이다. 영흥읍 유적에서는 요령식투겁창의 거푸집이 함께 발견되어 이들 방울이 요령식동검문화기에 속하는 유물임을 알 수 있다.

이 밖에 나진 초도 유적에서 출토된 대롱옥·가락지와 같은 장식용 청동기가 있다.


# 한국식동검문화

우리나라의 전기 청동기 문화를 대표하는 것이 요령식동검문화라고 할 때, 후기 청동기 문화를 대표하는 것은 한국식동검문화이다. 대표적인 유물로는 한국식동검·투겁창·꺽창〔銅戈, 찍거나 베는 데 쓰던 청동 무기〕·거울〔多鈕鏡, 끈을 거는 꼭지가 두세 개 달린 것〕·의기 등이 있다.

한국식동검문화는 중국 요령성 지역을 중심으로 한 요령식동검문화를 바탕으로 하여 형성되었으나 이후 북방 지역의 청동기 문화와 중국의 청동기 문화 요소를 받아들이면서 새로운 청동기 문화로 정착하게 된다. 요령식동검문화 단계의 내용보다 훨씬 다양하여 새롭게 의기류가 등장하고 무기류·공구류에도 새로운 요소가 가미된다. 이 문화는 중국 전국시대의 철기를 바탕으로 한 새로운 문화의 파급으로 쇠퇴하게 되며, 일본으로 건너가 야요이시대의 청동기 문화를 발생하게 한 것으로 추정된다.

한국식동검문화의 원류(源流)를 요령식동검문화에서 찾는 근거는 양 문화의 유물 내용, 특히 청동기들을 비교해 보면 뚜렷이 알 수 있다. 먼저 한국식동검과 전형적인 요령식동검을 비교해 보면, 첫째 동검의 크기가 비슷하고 칼몸과 손잡이를 따로 만들어 조립한 점, 둘째 결입부〔칼몸의 양 날 부분의 가운데 일부가 들어가 호선(弧線)을 이룬 곳〕가 형성된 점, 셋째 손잡이가 T자형을 이루고 손잡이 위에는 칼자루끝장식을 붙인 점 등이 공통되는데, 이러한 특징을 가진 동검은 요령식동검과 한국식동검 이외에는 찾아볼 수 없다. 또한 요령식동검문화에서 보이는 청동도끼·청동끌·청동거울·활석제 거푸집 등이 한국식동검문화에서도 그대로 나타나고, 이 밖에도 나팔형동기·견갑형동기·청동고리 등 공통된 요소를 많이 보이고 있다.

그러나 우리나라에서 요령식동검문화와 한국식동검문화 사이의 단선적(單線的), 계승 발전적인 관계는 아직까지 어느 유적에서도 찾아볼 수 없다. 돌널무덤의 경우 그 구조에 있어서 다소 차이를 보이며, 남부 지역에서 요령식동검은 남방식 고인돌에서 많이 발견되고 있는 반면 한국식동검은 고인돌에서는 거의 출토되지 않아 대조적이다. 유물에 있어서도 요령식동검은 거친무늬거울과 함께 출토된 예가 없으며 요령식동검 후기 형식과 한국식동검의 초기 형식이 함께 발견된 예도 없다. 또한 한반도 안에서의 요령식동검문화와 한국식동검문화가 계승 발전적인 관계라면, 요령식동검문화 후기에는 청동기의 양이 증가하고 질도 좋아져야 할 것이나 그렇지 않다.

이러한 점에서 볼 때 한국식동검문화의 내용은 한반도의 전기 청동기 문화인 요령식동검문화보다는 오히려 요령 지방의 요령식동검문화와 더 깊은 관련이 있어 보인다. 즉 우리나라의 요령식동검문화 후기에 새로 요령 지방, 특히 심양을 중심으로 한 요동 지역의 요령식동검문화에서 분리되어 나온 문화가 유입된 뒤 한국적이라고 할 수 있는 독특한 한국식동검문화를 이루어 기존의 요령식동검문화를 몰아내거나 동화해 나간 것으로 여겨진다.

한국식동검문화는 크게 성립기·발전기·쇠퇴기의 3기로 나눌 수 있다.

## 성립기

이 시기에는 요령식동검문화의 파급으로 인해 한국식동검·거친무늬거울·방패형동기·검파형동기·나팔형동기·원개형동기 등이 출현하며, 요령식동검문화의 요소, 특히 청동기의 형태를 거의 비슷하게 받아들이는 등 요령식동검문화의 영향에서 벗어나지 못하는 시기이다. 그러나 이 시기에는 북방 문화의 요소도 일부 받아들여 복합적으로 나타난다.

**유적과 유물**　　성립기의 집자리로 확실하게 밝혀진 것은 없으나, 최근의 발굴 성과에 의하면 앞 시기의 송국리형 집자리가 일부 계속해서 사용되었음을 알 수 있다. 다음 시기인 한국식동검문화 발전기와 관련이 깊은 경기 양주 수석리 및 충남 보령 교성리 집자리에서처럼 새로운 형식의 가옥이 송국리형 집자리와 함께 만들어졌을 것으로 추측되

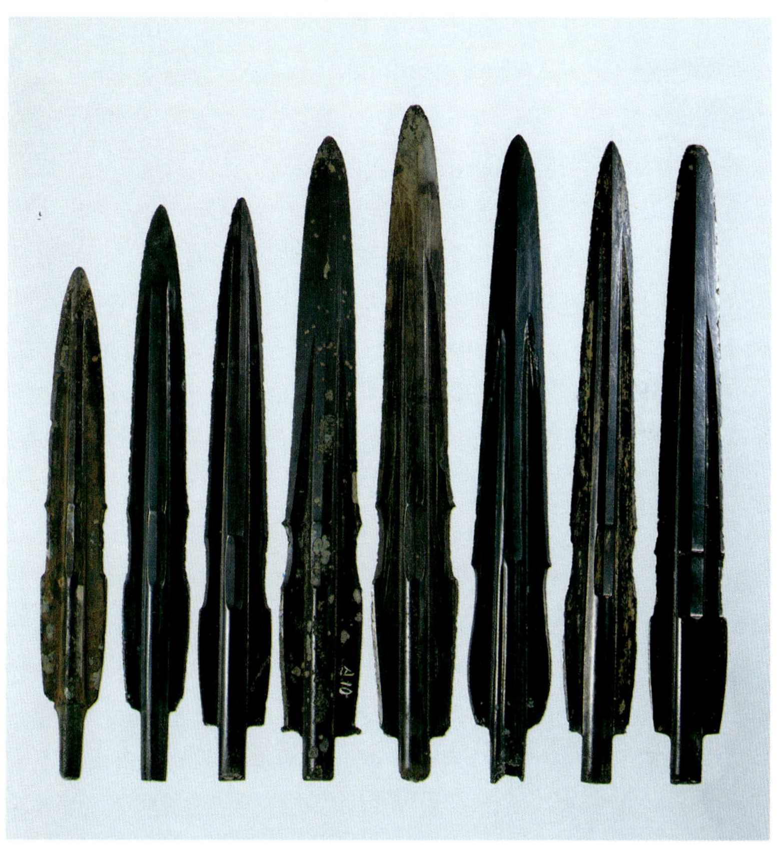

**한국식동검** 한국식동검은 요령식동검과 마찬가지로 칼몸과 칼자루 그리고 칼자루끝장식을 서로 결합하여 사용하게끔 되어 있지만, 칼몸이 직선화되고 결입부와 마디가 뚜렷한 것이 특징이다.

나 이를 뒷받침할 만한 자료가 부족하다.

무덤으로는 돌널무덤이 대표적이지만 그 구조는 깬돌을 쌓아 널을 만들고 상부에 돌을 쌓은 특이한 형태이다. 구조로 보아 요령식동검문화의 무덤과 직접 연결될 가능성은 적다. 돌널무덤이 아니고 나무널과 움 사이에 돌을 채운 구조였을 가능성도 있다. 대전 괴정동, 충남 예산 동서리·아산 남성리, 전남 함평 초포리 유적 등이 대표적이다. 남방식 고인돌이 일부 사용되었는데, 경기 양평 상자포리 고인돌 유적에서는 한국식동검과 천하석제 장식옥이, 전남 영암 장천리 고인돌 유적에서는 한국식동검과 석제 칼자루끝장식이, 평북 성천 백원협동농장 고인돌 유적에서는 한국식동검과 조각칼〔銅鈍〕이 출토된 바 있어 적어도 한국식동검문화 성립기까지는 고인돌이 무덤으로서 존재하였음을 알 수 있다.

성립기의 청동 유물 가운데 대표적인 것은 한국식동검이다. 등대에 세운 등날이 결입부 아래쪽으로 미치지 않은 것으로 칼몸 하반부의 폭이 넓은 편이며, 칼몸의 아래쪽에서 결입부까지는 완만한 곡선을 보인다. 요령식동검을 조형(祖型)으로 하였으나 그 형식은 우리나라에서 성립되었고, 분포 지역 역시 중국의 동북 지방과는 관계가 없으므로 우리나라 고유의 청동 단검으로 볼 수 있다. 형태는 기본적으로 요령식동검과 동일하나 가장 큰 차이점은 칼몸이 직선화되고 예리해진 점이다. 결입부가 형성되고 요령식동검에서는 거의 보이지 않는 마디가 뚜렷해지는 것도 큰 특징이다.

손잡이는 나무로 만든 것이 많은 탓인지 거의 발견되지 않았지만 칼자루끝장식은 대부분 석제이며 특히 철광석제가 많다. 칼자루끝장식의 형태는 누에고치형·십자형·돌기가 달린 십자형 등이 있으나, 이 가운데 돌기가 달린 십자형은 요령식동검문화에서는 보이지 않는 우리나라 특유의 형식이다. 이것은 요령식동검문화의 누에고치형 칼자루끝장

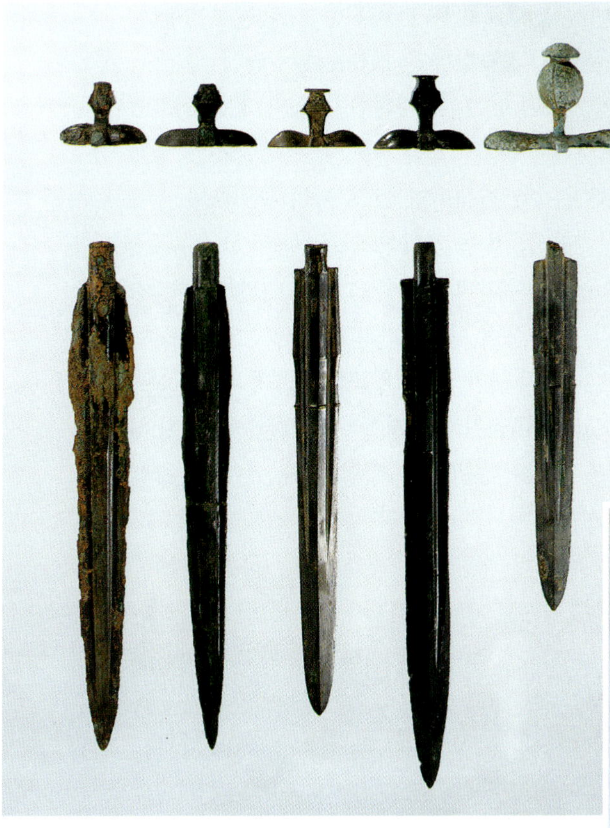

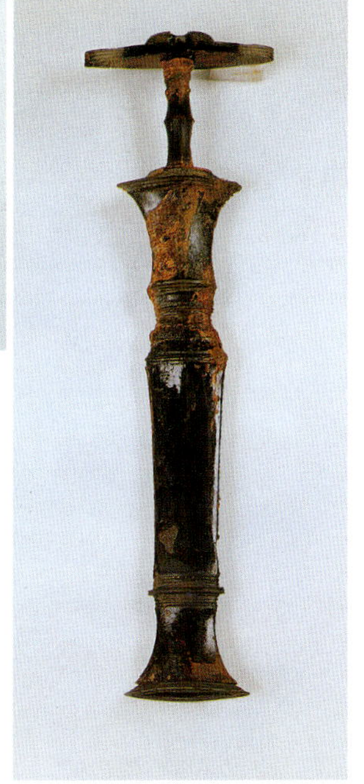

**한국식동검과 칼자루끝장식**　요령식동검문화기의 마제석검과 한국식동검문화기 초기의 동검에는 철광석제나 토제 칼자루끝 장식이 많이 사용되었다. (위)

**칼자루끝장식이 부착된 동검**(오른쪽)

식을 조형으로 해서 나타난 것으로 여겨진다.

성립기에는 동검 이외의 다른 청동 무기류는 발견되지 않는다. 무기류 이외의 청동기로는 방패형동기·검파형동기 등의 청동 의기류와 부챗날도끼·청동끌 등의 공구류가 있고, 토기로는 입술에 둥글게 점토띠를 말아 붙인 점토대토기와 흑색토기목긴항아리가 있으며, 석기로는 뿌리 없는 삼각형촉이, 장신구로는 천하석제 곱은옥과 소옥류가 있다.

거친무늬거울이 한국식동검과 함께 나온 예는 대전과 충남의 괴정동·동서리·남성리의 무덤 유적 등 몇 가지밖에 되지 않는다. 요령 지방의 초기 거친무늬거울은 뒷면의 무늬가 복선(複線)으로 표현된 번개무늬인 점을 특징으로 하는데, 우리의 거친무늬거울 가운데 이렇게 복선으로 무늬가 표현된 것은 평양, 평남 성천, 충남에서 출토되었다고 전하는 거울뿐이라 모두 어떠한 유물들과 함께 나왔는지 알 수 없다.

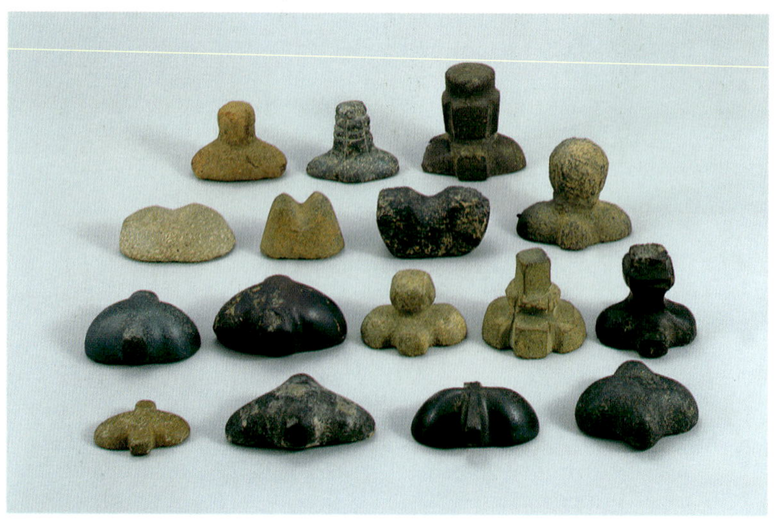

**석제 칼자루끝장식**  칼자루의 맨 끝에 매어 달아 칼로 찌를 때에 힘을 실어 주는 역할을 한 것이지만 점차 장식적인 역할로 기능이 바뀌었다.

요령 지방에서는 요령식동검과 함께 출토되었으나 우리나라에서는 그와 같은 예가 없으므로 한국식동검과 관련될 가능성도 많다. 이 형식의 거울 외에 충남 연화리·동서리, 대전 괴정동 유적 등에서 출토된 거울들은 대체로 한국식동검문화 성립기에 속하는 것이다.

의기로 알려진 나팔형동기와 견갑형동기 등은 요령 지방의 심양 정가와자 유적에서 출토된 바 있기 때문에 요령식동검문화의 요소로 볼 수 있다. 요령 지방에서는 이들 청동기가 마구(馬具)이거나 또는 손칼·끌 등을 집어 넣는 주머니의 장식으로 사용되었다고 보지만, 우리나라에서는 의기로 사용되었을 것으로 추정하고 있다. 왜냐하면 이들 청동기에 새겨진 사슴·손·매 등의 그림무늬가 시베리아의 샤머니즘과 밀접한 관련이 있어 보이기 때문이며, 또한 형태가 같은 것이라 해도 다른 지역에서는 그 기능이 전혀 다를 수도 있고, 우리나라에서는

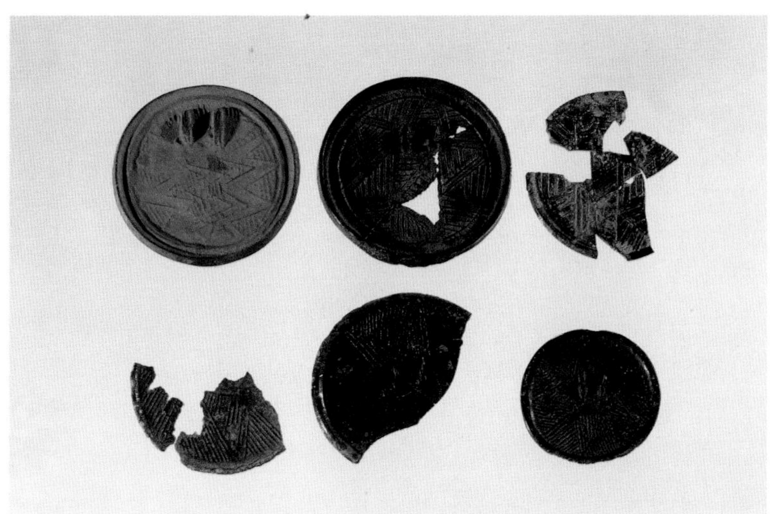

**거친무늬거울** 한국식동검문화 성립기에 제작된 거친무늬거울은 뒷면에 새겨진 무늬가 굵고 거칠다. 번개무늬와 별 모양의 무늬가 많다.

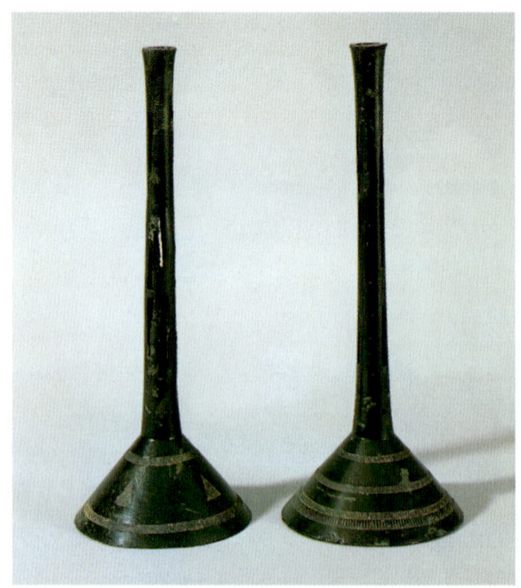

**나팔형동기**  나팔형동기는 충남 예산 동서리 돌널무덤 유적에서 출토된 것이 유일하다. 청동 의기로 여겨지는 것이나, 중국 요령 지역에서는 이러한 동기가 말 머리 장식으로 사용되었다.

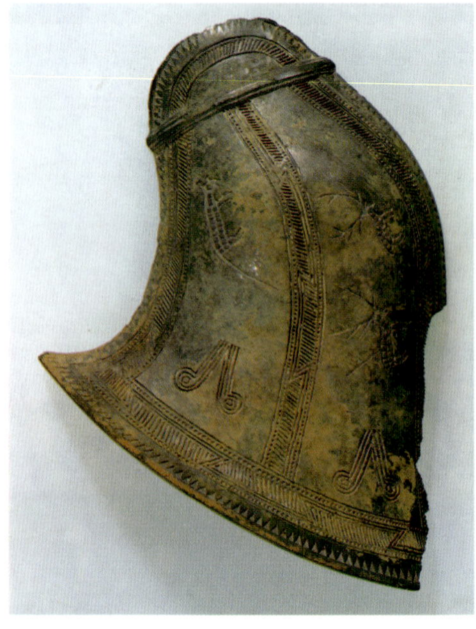

**견갑형동기**  경주에서 출토되었다고 전한다. 청동 의기 가운데 하나로 표면에 표범(또는 호랑이)과 사슴 등이 그려져 있다. 사슴 한 마리는 화살에 맞은 모습을 하고 있어 수렵과 관련된 제의에 사용된 것으로 여겨진다.

청동기시대에 마구가 보이지 않기 때문이다. 한국식동검문화에서 이들 청동기가 의기로 나타나는 것은 문화를 수용한 우리측의 사회적 환경 때문으로 추측된다.

부챗날도끼는 아산 남성리와 전주 여의동·신계 정봉리 등의 돌널무덤과 속초 조양동 고인돌 유적에서 출토된 바 있는데, 소형으로 도끼라기보다는 자귀와 같은 공구이며 이 시기의 특징적인 유물 가운데 하나로 볼 수 있다.

이 시기의 토기는 목긴항아리(주로 검은색의 토기)와 입술을 둥글게 말아 붙인 점토대토기가 대표적이다. 이러한 토기들은 요동 지역의 요령식동검문화에서도 보이고 있어 서로 관련이 깊을 것으로 여겨진다. 우리나라에서는 중부 이남 지역에서만 출토되고 있고, 북한 지역에서는 발견되지 않아 요령 지역에서의 문화 유입과 관련하여 서북해안 경로를 추측하게 한다. 한국식동검문화와는 뗄 수 없을 정도로 밀접한 관련이 있는 토기이며 철기시대와 원삼국시대까지 그 전통을 이어 나갔다.

석기는 대부분 앞 시기의 홈자귀를 비롯해 돌도끼·반달칼 등이 그대로 제작되었으며, 뿌리 없는 납작한 돌살촉이 이 시기부터 새롭게 나타난다. 이 형식의 화살촉은 거친무늬거울·고식(古式)의 한국식동검 및 의기류 등과 함께 출토되는 예가 많으며, 점토대토기처럼 한국식동검문화와 관계가 깊은 유물이다. 한편 북부 지역에는 거친무늬거울이 출토되었다고 전하는 성천·평양, 연안 소아리, 맹산(거푸집) 유적 등을 제외하고는 성립기에 해당하는 유적이 없는데, 성천·평양에서 출토되었다는 거친무늬거울은 요령식동검문화와 연결될 가능성도 있다.

## 발전기

요령식동검문화의 영향에서 탈피하여 새로운 북방 문화 요소가 유입

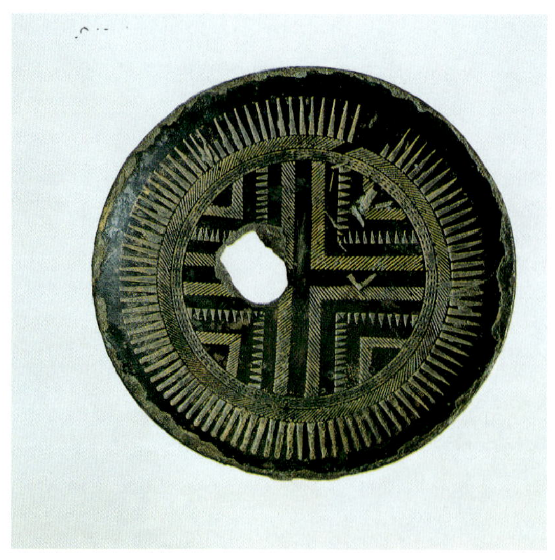

**원형유문동기** 전북 익산 지역에 서 출토되었다고 전하는 청동 의 기의 하나이다. 바깥쪽은 방사 상, 안쪽은 십자형으로 구성하여 태양을 상징한 것으로 생각된다. 이러한 십자일광문의 모티프는 시베리아 지역에서도 보이고 있 어 주목된다.

되는 시기이다. 발전기에는 방울류 세트로 된 새로운 청동 의기가 등 장하고 거친무늬거울 대신 선이 곱고 가는 고운무늬거울이 나타났다.

이러한 변화는 매우 급작스러운 편인데, 단순한 기술의 발전이나 무 늬의 자체적인 변화에서 이루어진 것만으로는 볼 수 없고, 맥을 달리하 는 새로운 청동기 문화와의 접촉을 생각해 보아야 한다. 새로운 청동기 문화의 파급은 이미 성립기의 검파형동기·방패형동기의 무늬에서도 일부 찾아볼 수 있다.

북방 문화 요소를 가진 단위문양의 일부가 발전기의 의기에서도 계 속 나타나며, 특히 북방 문화 요소로 여겨지는 태양과 우주를 상징하는 태양무늬는 발전기 이후의 원형유문동기·간두령·고운무늬거울 등에 채택되고 있다. 이러한 청동 의기류는 사슴·손·매·십자일광문·수 렵문 등의 문양 내용으로 보아 농경·수렵 및 샤머니즘과 관련된 제의 에 사용된 무구였을 것으로 추정되고 있으며, 이를 소유하고 사용한 자

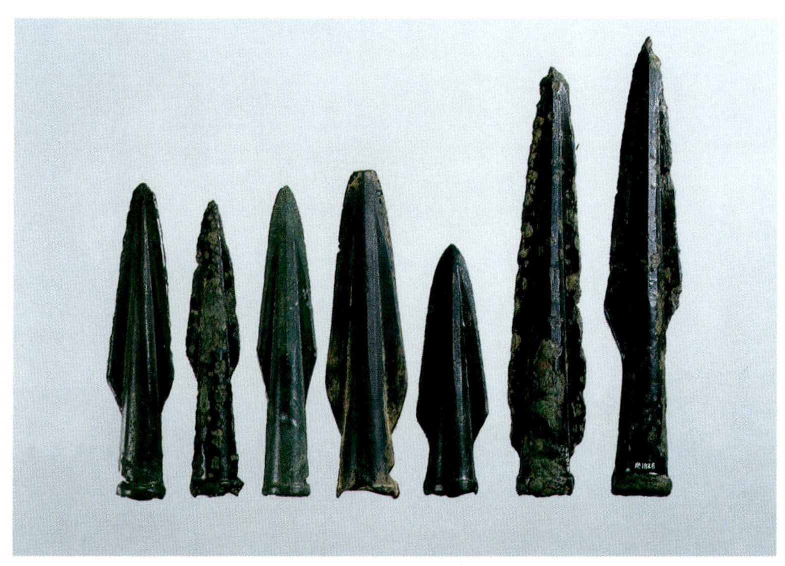

**투겁창** 찌르는 무기이다. 초기의 것은 대체로 길이가 짧고 투겁의 옆면에 못구멍이 나 있어 자루를 끼운 후 빠지지 않도록 하였다.

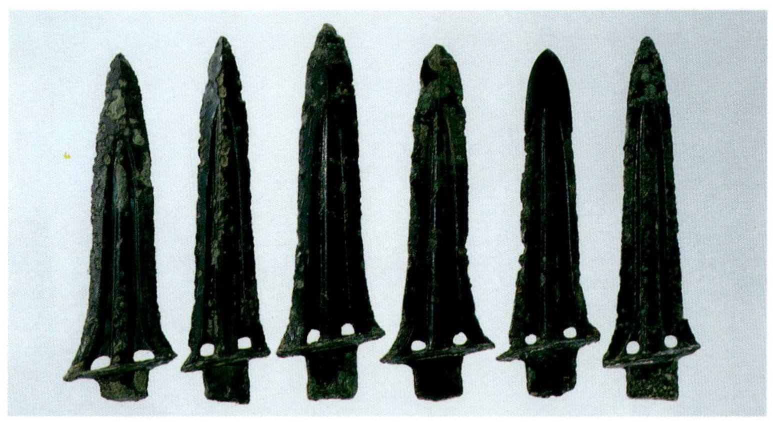

**꺽창** 긴 자루를 창몸과 거의 직각으로 묶어 적을 찍거나 베는 데 사용하는 무기이다. 아래쪽의 구멍에 끈을 꿰어 창자루에 묶을 수 있게 하였다.

는 종교 주재자인 동시에 지배 계급의 권력자로 제정(祭政)을 함께 관장하는 신분이었을 것으로 추측된다.

이 시기에는 북방 문화의 파급에 뒤이어 중국 중원문화의 영향을 받기 시작하여 초기 형식의 창·꺽창·조각칼 등이 출현한다. 그러나 이들 청동기도 모두 한국식이라고 부를 수 있을 만큼 독특해 중원문화의 영향이 그다지 크지 않았다고 할 수 있다. 북한 지역에서는 중국에서 유입되었다고 여겨지는 쇠도끼가 일부 나타나지만 전반적인 현상은 아니다.

**유적과 유물**　　이 시기의 집자리도 확실하게 밝혀지지는 않았으나, 토기나 돌살촉 등의 유물로 보아 충남 보성 교성리 및 경기 양주 수석리 집자리 유적 등이 관련이 있을 것으로 보인다. 집은 높은 곳에 세워졌으며 내부에 화덕을 설치한 장방형에 가까운 평면 형태이다. 무덤은 성립기와 거의 다름이 없으나 화순 대곡리 유적의 예에서 보듯이 남부 지역에서는 나무널무덤도 나타난 것으로 여겨진다.

유물 가운데 동검은 요령식동검의 요소를 탈피해 칼몸의 폭이 보다 좁고 가늘어지게 된다. 등대에 세운 날은 칼몸의 맨 아래쪽까지 나 있다. 투겁창은 이 시기에 새로 나타나는데 대부분이 길이 20센티미터 전후로 짧다. 투겁의 한쪽 옆면에 창자루와 단단히 결합하기 위해 못구멍을 뚫은 것이 일반적이며, 맨 아래쪽 옆면에 돌대를 돌린 것도 있다. 중국 투겁창을 조형으로 하여 만들어졌다고 여겨지나 세부에서는 차이를 보인다. 또한 이전 시기에는 요령식투겁창이 사용된 바 있어 조형 문제는 더 검토해야 할 여지가 있다.

꺽창 역시 이 시기에 출현한 대표적인 유물이다. 중국의 진(秦)나라 꺽창 등을 조형으로 만들어졌다고 볼 수 있으나, 투겁창과 마찬가지로 세부 형태에 있어서는 많은 차이를 보인다. 한국식꺽창으로 부를 만큼 형태가 독특해 한국식동검문화 발전의 한 모습을 보여 준다.

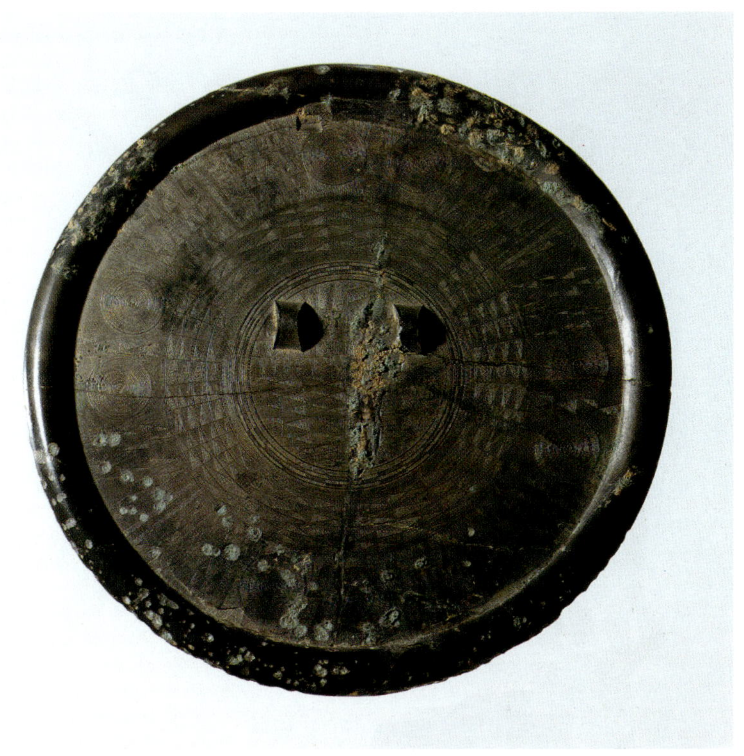

**고운무늬거울** 한국식동검문화 발전기에 제작된 고운무늬거울은 뒷면에 새겨진 기하학적 문양이 아주 곱고 가늘다. 햇빛을 반사하는 기능을 가진 것이라 대부분 뒷면의 무늬가 태양무늬이다.

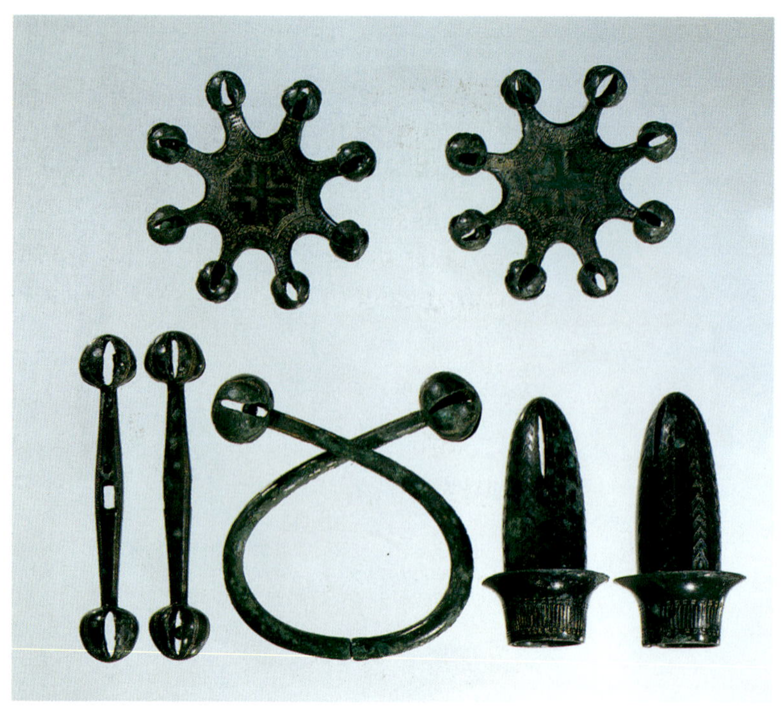

**방울류 세트** 청동 의기 가운데 방울류는 우리나라에서만 보이는 특유의 것으로 간두령·
쌍두령·조합식쌍두령·팔주령의 4종이 세트로 되어 있다.


무기류와 함께 나오는 성립기의 대표적인 청동 유물로는 고운무늬거
울·방울류·도끼·조각칼·끌 등을 들 수 있다. 고운무늬거울은 발전
기부터 나타나는데 거울 뒷면의 무늬가 아주 세밀하고 고우며, 기하학
적 구성이 뛰어나다. 무늬는 보통 동심원에 의해 세 부분으로 구분되어
있는 것이 많고, 끈을 꿰게 되어 있는 꼭지[鈕]는 두 개 또는 세 개이
다. 성립기의 거친무늬거울에 비해 거울의 크기가 크며 꼭지가 정형화
되었다. 문양을 새긴 기법이 뛰어나 제작 기법을 파악하기가 힘들다.

거울 뒷면의 무늬는 태양무늬가 일반적이고, 거울의 햇빛 반사 기능으로 보아 태양을 상징하는 의기로 추정된다. 고운무늬거울은 발전기 후반에 이르면 무늬 구성이 단순화되며, 크기가 작은 것이 출현한다. 의기류로는 새로 간두령·팔주령·쌍두령·조합식쌍두령과 같은 방울류 세트가 나타난다.

특히 논산과 화순에서 출토되었다고 전하는 방울류는 매우 정교하게 제작되었으며, 함께 나온 고운무늬거울도 거울 가운데 가장 정교한 것이라, 이 시기에 청동기 제작 기술이 정점에 이르렀음을 말해 준다.

소형의 청동도끼는 성립기의 부챗날도끼를 조형으로 하여, 투겁에서 몸체에 이르는 부분이 호선을 이루며 어깨를 형성하고, 곧게 뻗은 장방형의 몸체를 가진 것이 제작·사용되었다. 날이 한쪽 면에만 있는 것이 많아 도끼라기보다는 자귀와 같다. 대형 도끼로는 장방형도끼와 조갯날도끼가 있다. 소형 도끼는 쇠퇴기에도 계속해서 제작되었다.

조각칼은 조각을 하기 위한 공구로 중국에서는 전국시대 초(楚)나라의 영역에서 많이 발견되고 있다. 우리나라에서 출토된 조각칼은 중국 조각칼과 외형적인 면에서 큰 차이를 보이지 않지만, 서로 어떠한 관련이 있는지는 확실하지 않다. 다만 칼의 등에 선이 나 있는 것이 전국시대 유적에서 가장 많이 출토되고 있어 관련이 깊을 것으로 추정된다. 이 시기의 조각칼은 횡단면이 삼각형을 이루거나 볼록렌즈형(△)을 이룬 것이 많다.

끌은 성립기보다 많이 보인다. 형태는 투겁이 두텁고 길며 몸체와의 경계에 단이 진 것과, 투겁이 몸체와 그대로 연결된 것의 두 종류가 보인다. 소형 도끼·조각칼 등과 세트로 발견되는 경우가 많다.

공구류 가운데 송곳은 두터운 물체를 뚫을 수 있도록 앞이 뾰족하게 되어 있으며, 단면은 정삼각형 또는 사각형을 이루고 길이는 10센티미터 정도이다. 함경북도에 인접한 러시아의 연해주 지역 이즈웨스토프

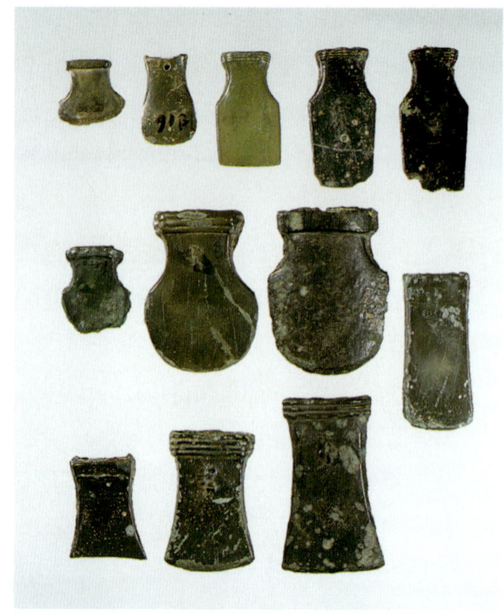

**투겁도끼**  도끼의 머리 쪽에 투겁이 달려 있는 형태로, 투겁에 자루를 끼워 사용한다.

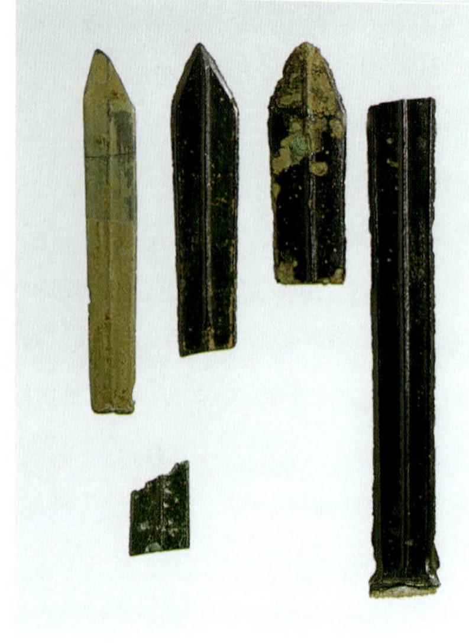

**조각칼**  조각칼은 끝의 뾰죽한 날끝을 이용해 세밀한 것을 다듬거나 무늬를 새기는 데 사용하는 공구이다.

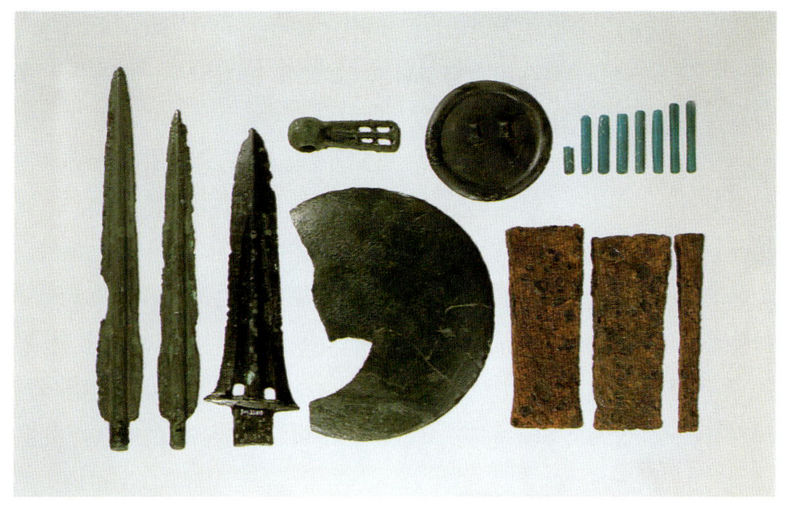

**합송리 유적 출토 유물**  부여 합송리 유적에서는 각종 청동 유물과 함께 주조된 쇠도끼와 쇠끌이 출토되어 중국으로부터 철기 문화가 유입되는 상황을 알려 준다.

유적에서 출토된 바 있으며, 전남 영암에서 출토된 것으로 전하는 거푸 집에도 이러한 송곳이 보인다. 또한 요령 지방의 거푸집에서도 보여 요 령식동검문화의 영향을 받은 것으로 추정되며 이로 볼 때 성립기에도 제작되었을 것으로 보인다.

발전기 말경(기원전 3세기 말~기원전 2세기 초)부터는 중국의 전국 시대, 특히 연(燕)나라 철기 문화의 영향을 받아 쇠도끼·쇠끌이 주 조·사용되기 시작하면서 철기시대로 들어서게 된다. 북부 지역의 평 북 위원 용연동·영변 세죽리 유적 등이 대표적인 초기 유적으로, 이와 비슷한 중국 요동 지역의 연화보 유적과 함께 세죽리—연화보 유형으 로 부르고 있다.

한국식동검문화 유적에서도 전국시대 주조 도끼와 동일한 형식의 쇠 도끼가 출토되었는데, 북부 지역의 황해 봉산 송산리·배천 석산리, 함남 함흥 이화동 유적 등에서는 쇠도끼가, 남부 지역의 충남 당진 소소리·부여 합송리, 전북 장수 남양리 유적 등에서는 쇠도끼와 쇠끌이 출토되어 이 시기의 철기 문화를 엿보게 한다.

### 쇠퇴기

이 시기는 실제적으로 청동기시대에 속하지 않고 철기시대 초기에 속한다. 철기 문화의 유입으로 철기시대에 들어섰으나 앞 시대의 한국식동검문화의 요소는 그대로 지속된다. 각종 철제 무기의 등장으로 청동 무기류는 실용성을 더욱 벗어나 슴베가 짧아지거나 피홈에 무늬가 새겨지는 등 형식에 치우친다. 투겁창은 길이가 짧은 것도 있으나 대부

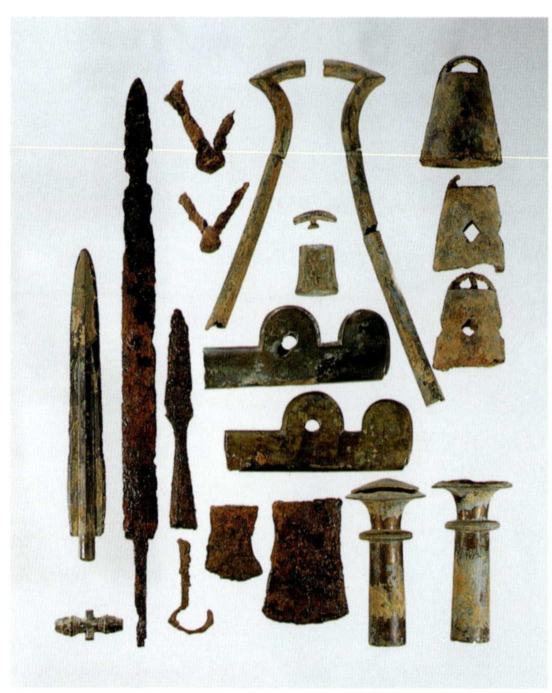

**쇠퇴기 유물 일괄**

분 길이가 길어지고 반원형의 귀〔環耳〕가 달렸으며, 꺽창은 발전기에 비해 큰 변화가 없으나 단지 슴베의 폭과 길이가 짧으며 창 끝쪽의 폭이 넓어진다.

무기류 이외의 유물로는 수레 부속구〔車輿具〕·중국의 한식(漢式) 유물인 거울, 오수전(五銖錢)·종방울·고리 등이 있다. 수레 부속구의 경우에는 서북 지역과 남부 지역이 차이를 보이는데, 서북부 지역에서는 고삐고리·멍에투겁·수레기둥장식·고깔형동기·굴대투겁·일산대투겁 등의 다양한 종류가 많이 출토되고, 남한 지역에서는 고깔형동기·일산대투겁 정도가 몇 점 출토될 뿐이다. 이것은 지역적으로 중국과 인접한 서북부 지역이 중국 문화를 빨리 받아들인 데에 기인한다. 낙랑의 설치와 더불어 한의 철기 문화는 급속도로 확산·남하하면서 기존의 한국식동검문화를 새로운 철기 문화로 바꾸어 놓은 것으로 추정된다.

실용적인 철기의 유입이 기존 청동기에 대한 인식을 바꾸면서 청동기는 보다 형식적이고 퇴화된 형태로 이행되었으며, 이후 고운무늬거울 같은 중요 의기도 중국 거울로 대체되는 등 변화가 가속된다. 철기가 본격적으로 제작되면서부터 청동기는 명맥만 유지하게 되어 기원 전후한 시기에 이르러서는 한국식동검문화가 막을 내리게 된다.

### 칼·거울·옥과 일본 신화

동검과 거울, 곱은옥은 한국식동검문화에서 잘 볼 수 있는 유물들이다. 특히 돌널무덤에서 이들 유물이 세트로 함께 발견되는 경우가 많다. 예를 들면 충남 부여 연화리·아산 남성리, 대전 괴정동, 전남 함평 초포리 유적 등이 있다. 중국 요령 지역의 심양 정가와자 제6512호 덧널무덤 유적에서도 칼·거울·옥의 세트가 출토된 바 있다. 따라서 그 계보를 요령 지역에서 찾을 수 있겠으나, 이러한 유물의 조합은 한

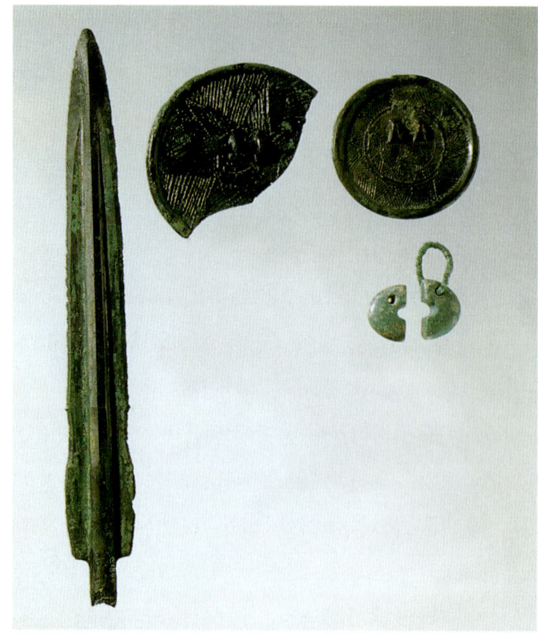

**동검 · 거울 · 옥** 칼과 거울 그리고 곱은옥은 청동기시대 유적 특히 돌널무덤에서 함께 출토되는 유물들이다. 이들 유물의 조합은 고대 일본 천황가의 이른바 '신으로부터 전수한 세 가지의 보기(寶器)'로 알려져 있다.

국식동검문화에서 가장 잘 볼 수 있다.

이 세 가지 유물이 출토된 무덤에서는 대체로 많은 유물들이 함께 나오고 있다. 청동 의기들을 비롯해서 다른 무덤 유적들과는 비교가 되지 않을 정도로 많은 부장품을 지니고 있다. 유물의 내용을 보면 우월한 신분을 가졌던 자의 무덤임이 확실하다. 동검과 청동거울 등 청동기 자체가 귀한 물건이고, 천하석으로 만든 곱은옥도 귀한 보석 장신구이기 때문에 일반 무덤에서 이들이 함께 나오는 경우란 드물 수밖에 없다.

수많은 고인돌 가운데 칼 · 거울 · 옥이 함께 나온 적은 없고 칼과 옥 정도가 함께 나오는 것으로 보아 잘 알 수 있다. 철기시대의 전북 익산 평장리 · 장수 남양리, 충남 부여 합송리 · 당진 소소리, 경주 입실리 무덤 유적 등에서는 동검과 거울이 함께 출토되었다.

한국식동검문화가 일본으로 건너간 것은 일본 야요이시대 유적에서 발견되는 한국식동검·투겁창·꺽창·거울·종방울·무문토기·흑색토기목긴항아리 등의 유물로 보아 잘 알 수 있다. 그런데 흥미로운 것은 고대 일본에 있어서 왕권의 상징으로 여겨지는 '세 가지의 신기〔三種의 神器〕'가 있는데 이것이 바로 칼·거울·곱은옥이다.

일본 역사서인 『고사기(古事記)』에는 천손강림신화〔天孫降臨神話, 하늘의 신(神)인 천조대신(天照大神)이 손자 '니니기(邇邇藝)'를 지상에 내려보낸다는 신화〕에 바로 칼〔草那藝劍〕·거울·곱은옥〔八尺勾玉〕을 천손이 가지고 내려온다는 내용이 있다.

한국식동검문화에서 보이는 중요 일괄 유물이 일본 건국 신화에 그대로 나타난다는 것은 단순히 청동기 문화의 전파만을 이야기하는 것이 아니라, 지배 계급의 일본열도 진출을 의미하는 것으로 풀이할 수 있다. 더욱이 강림신화에서 말하는 거울은 해의 신을 대신하는 것이므로 태양무늬가 새겨진 고운무늬거울을 뜻한다고도 할 수 있다. 중국에서 철기 문화가 유입되면서 쇠퇴하기 시작한 기존의 한국식동검문화는 일본으로 건너가 새로운 청동기 문화의 꽃을 피웠다.

# 청동기 제작 기술

청동검·청동투겁창을 비롯한 많은 청동기가 청동기시대부터 철기가 본격적으로 사용된 원삼국시대 초기까지 계속해서 제작·사용되었다. 이러한 청동기들이 어떠한 공정을 거쳐 만들어졌는가를 파악하는 것은 쉬운 일이 아니다. 왜냐하면 청동기를 제작하는 것이 간단한 기술로 이루어지는 것이 아니기 때문이다.

이것은 광석을 채취하고, 광석에서 불순물을 제거하고 정제해야 하며, 만들고자 하는 제품의 형태를 새긴 거푸집을 제작하고, 적절한 원료 배합에 의한 합금과 이를 고온으로 녹여 부어야 하며, 잘못 만들어진 부분에 대해서는 보수를 해야 하는 등 가장 분업적인 전문 기술의 존재를 고려해야 한다.

이 가운데 금속 정련(精練) 기술과 제품을 부어내는 주조 기술이 가장 힘들고 중요한 부분이다. 아직까지 원광(原鑛)의 채굴 및 정련과 관련된 기술은 제대로 밝혀지지 않았으며 청동기의 성분과 제작 기술 및 보수 기법에 관한 것이 일부 알려져 있을 뿐이다. 여기서는 현재까지 알려진 청동기의 성분 분석 결과와 거푸집 그리고 청동 유물의 보수 흔적을 중심으로 우리나라 청동기 제작 기술의 면모를 살펴보기로 한다.

# 우리나라 청동기의 성분

청동기를 제작하기 위해서는 먼저 합금을 만드는 금속들의 광석(鑛石)을 채취해야 한다. 청동기를 만드는 데 기본적으로 필요한 성분은 동과 석이며, 이 밖에 재질을 개선하기 위해 납과 아연이 합금 재료로 사용되었으므로 공인(工人)들은 원료로 사용되는 공작석·석석(錫石) 등의 광석 외에 노감석·백연광·방연광 등을 찾아내어 채굴하였을 것으로 추측된다.

질이 가장 좋은 공작석 등의 동광석으로 1킬로그램의 동을 제련하려면 약 34킬로그램의 광석이 필요하다고 한다. 질이 떨어지는 광석의 경우에는 동과 석의 비율이 1대 50 정도가 되므로 한 유적에서 총 중량 10킬로그램의 청동기가 나왔다고 하면, 동과 주석의 합금 비율이 60대 40일 경우 300킬로그램의 동광석이 사용되었다고 볼 수 있다. 역사시대의 기록이지만 『동국여지승람(東國輿地勝覽)』에는 다섯 가지 금속(금·은·동·철·연) 가운데 동이 가장 많이 산출된다고 기록되어 있어, 동광이 여러 곳에 분포하였음을 알 수 있다. 또한 납·주석·아연 산지도 여러 곳에서 발견되어 채광에 큰 어려움이 있었다고는 생각되지 않는다. 그러나 아직까지는 선사시대 광산 유적이 발견된 바 없어 채광 기술에 관한 내용은 알 수 없다.

합금을 하기 위해서는 각 광석을 따로 정련한 뒤 적절한 비율로 섞어서 사용하였는데, 이것은 한국식동검 등의 무기류 성분 분석에서 나타나는 일정한 비율에서 알 수 있다. 합금 비율에 따라 청동기의 성질이 달라지게 되는데 대체로 견고성은 주석이 19퍼센트일 때 가장 높고 그 이상이 되면 깨지기 쉽다.

지금까지 밝혀진 우리나라 청동 유물의 성분 분석 결과를 통하여 나타난 화학 조성 비율을 보면, 한국식동검은 대체로 구리 79.2퍼센트,

주석 13.4퍼센트, 납 6.8퍼센트 정도의 조성비를 가지며, 동검 이외의 의기·거울·장신구 등에서는 구리의 비율이 많이 떨어져 평균 59.65퍼센트, 주석은 늘어 22.12퍼센트, 납은 7.35퍼센트로 비슷하며, 아연은 미량부터 24퍼센트까지 보이고 있다.

이러한 조성 비율을 보면 제품의 특성을 고려해 단단하게 하거나, 잘 부식되지 않게 하거나, 주조하는 데 편하게 하기 위한 성분 배합이 적절하게 이루어졌음을 알 수 있다. 즉 동검의 경우에는 구리의 양이 많고 거울과 같은 의기에는 빛의 반사량을 증가시키기 위해 주석이 많이 들어 있는데, 이러한 점은 당시에 합금술의 원리를 올바르게 파악하고 있었음을 말해 주는 것이다.

중국 청동기들과 비교해 보면 구리의 함량이 적은 데 비해 주석과 납의 함량이 많은 편이며, 아연이 들어간 아연―청동의 존재가 주목된다. 아연을 넣게 되면 녹일 때 유동성이 좋으며, 적은 양의 주석을 넣고도 같은 조직·경도 및 잘 부식되지 않는 성질을 얻을 수 있으므로 아연 산출량이 주석이나 납보다 많은 우리나라에서는 아연―청동이 일찍부터 제작되었던 듯하다.

특히 송산리 유적 출토 도끼의 경우는 성분 분석 결과 아연의 함량이 24.5퍼센트나 되고 그 밖에 초도 유적 출토 장신구와 송산리 유적 출토 고운무늬거울에도 아연의 함량이 많은 것으로 확인되어 아연이 거의 들어 있지 않은 중국 청동기와는 계통이 달랐던 것이 아닐까 추측된다. 내몽고 지역에서 출토된 몇몇 청동기들의 성분 분석에서는 14~35퍼센트 정도의 아연이 포함되어 그 관련성이 주목된다. 실험에 의하면 인공적인 조작이 가해지지 않는 한 청동에 1퍼센트 이상의 첨가 원소가 섞일 수 없다고 하므로 당시에 이미 청동의 질을 높이기 위한 합금법이 개발되었음을 알 수 있다.

# 도가니

　광석에서 광물을 가려내거나 금속을 용해하기 위해서는 도가니가 필요하다. 우리나라에서는 아직 선사시대 도가니의 예가 확인된 바 없으며, 삼국시대 이후에 속하는 것만 발견되고 있다. 외국의 예를 보면 청동기시대부터 역사시대에 이르기까지 형태나 재질의 변화가 거의 없이 토제 도가니가 사용되었음을 알 수 있는데, 우리나라 청동기시대 도가니도 삼국시대 이후의 것과 큰 차이가 없을 것으로 여겨진다.

　역사시대를 통해 청동기시대 도가니를 추정하여 보면 도가니는 토제이며, 50~360시시(cc) 정도의 쇳물을 담을 만한 소형이 많다. 바탕흙은 점토에 모래를 섞은 거친 것이 대부분이며 기벽(器壁)과 바닥의 두께는 일반 토기들과 달리 두텁다.

　도가니의 형태는 대략 다섯 가지 종류가 있다. 첫번째는 저부(底部)가 둥글고 높이에 비해 입지름〔口徑〕의 폭이 넓은 대접 모양으로 구연부에 쇳물을 따르는 움푹한 홈이 나 있는 것, 두 번째는 저부가 둥근 컵 모양으로 구연부에 쇳물을 따르는 움푹한 홈이 나 있는 것, 세 번째는 저부가 뾰죽한 원추형으로 쇳물을 따르는 홈이 없는 것, 네 번째는 세 번째 종류와 비슷하나 뾰죽한 바닥의 끝부분에 돌기가 튀어나와 있고 쇳물을 따르는 홈이 있는 것, 다섯 번째는 저부가 평평한 컵 모양이다.

　도가니의 형태는 영국·스웨덴을 포함한 서양 고대의 도가니와 유사하며 크기가 작은 점에서도 공통성이 보인다. 이에 비해 고대 중국의 도가니는 양동이 형태와, 밑바닥이 좁은 평저이며 몸체는 하부가 좁고 상부가 넓게 퍼진 소위 투구를 뒤집어 놓은 형태가 많으며 크기도 큰 것이 많다.

# 거푸집

청동기를 주조하기 위해서는 거푸집이 필요하다. 그러므로 거푸집의 출토는 현지에서 직접 주조가 이루어졌다는 확실한 자료가 된다. 거푸집은 우리나라 전역에 걸쳐서 발견되고 있는데 돌로 만든 거푸집은 거의 모두 활석제이며, 활석제가 아닌 것은 송국리 집자리 유적에서 발견된 편암제 1점만이 알려져 있을 뿐이다. 토제 거푸집도 많이 사용되었다고 여겨지지만 아직까지 발견되지 않았다.

석제 거푸집은 표면을 편평하게 다듬은 후 만들고자 하는 형태를 조각해서 제작하게 되는데, 거울·낚싯바늘·동추 등의 거푸집처럼 한쪽 면에만 조각하고 다른 쪽은 그대로 편평하게 한 단합범(單合範)도 있으나 대부분은 같은 형태를 가진 것 2매를 합하여 사용하는 쌍합범(雙合範)이다.

대부분의 거푸집이 활석으로 만들어진 것은 돌이 무르기 때문에 조각하기 쉽고 주조할 때 거푸집이 터지지 않아 반영구적으로 사용할 수 있으며, 표면이 매끄럽기 때문에 주조물 표면의 질을 높일 수 있다는 점에서 유리하게 작용한 듯하다. 이러한 활석제 거푸집은 요령식동검 문화와 관련이 있는 중국 동북 지방의 적봉·요양·여대·당산 등지를 제외하고는 거의 발견되지 않고 있다.

중국에서는 주로 토제 거푸집이 제작되었고, 일본의 거푸집은 대다수가 사암제이다. 토제 거푸집은 쇳물 주입구와 함께 가스가 빠져 나가는 구멍을 반드시 만들어 주어야 하며 또한 한 번밖에 쓰지 못한다. 사암제는 견고하지 못하므로 여러 번 사용하기가 힘들며 자주 보수해야 하는 불편이 있다. 이에 비해 활석제 거푸집은 가스 구멍을 따로 만들 필요가 없고 계속해서 주조물을 부어내도 손상을 입지 않는다. 그러나 아직까지 청동 제품 가운데 같은 거푸집에서 만들어진 제품은 발견된

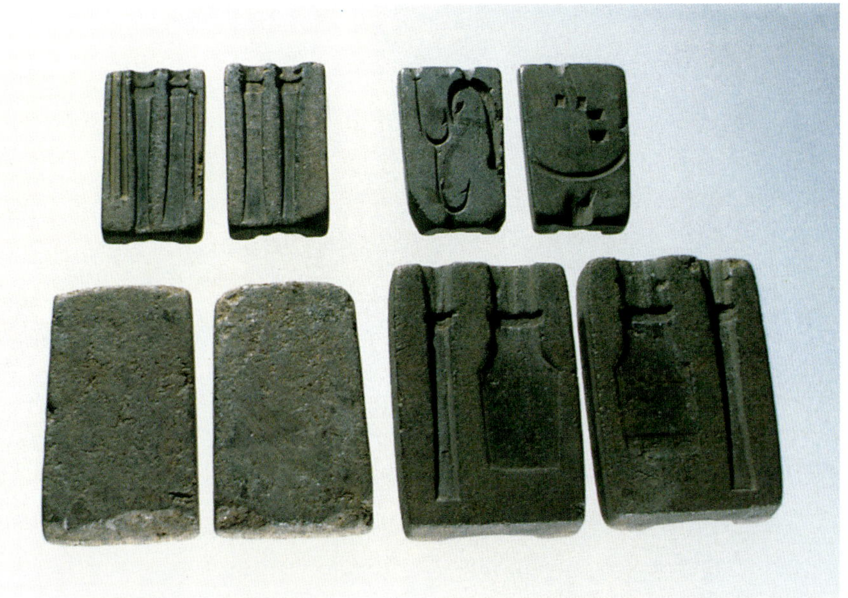

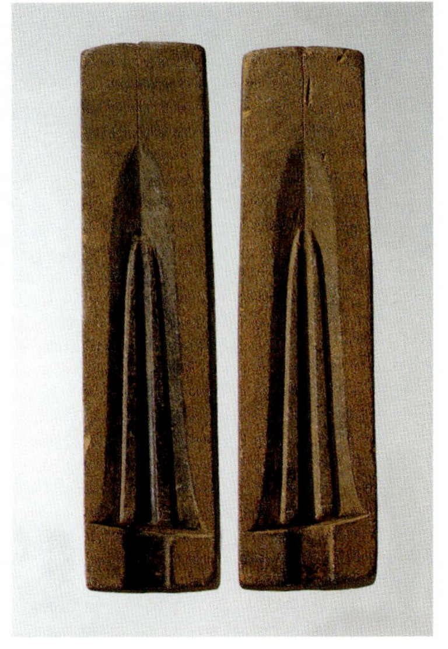

**각종 거푸집** 거푸집은 활석으로 만들어진 것이 많으며, 대부분 같은 모양이 새겨진 2매를 합쳐서 사용하게 된다. 전남 영암에서 일괄 출토된 것으로 알려진 거푸집에는 무기·공구·거울·낚싯바늘 등이 새겨져 있다.

바가 없기 때문에 실제로 한 거푸집에서 여러 개의 제품이 주조되었는지의 여부는 알 수 없다.

합범으로 사용되는 거푸집의 옆면에 짧은 선으로 새겨진 눈금을 종종 볼 수 있는데, 이것은 거푸집 2매를 결합할 때 전후좌우로 어긋나지 않고 정확하게 합쳐질 수 있도록 하기 위한 고안이다. 쇳물을 부어 넣는 탕구(湯口)가 명확한 것은 맹산 출토 거친무늬거울 거푸집과 장천리 출토 동검 거푸집 등을 비롯해 여러 점이 있다. 그러나 동검·도끼·꺾창·투겁창 등의 거푸집은 영암에서 출토되었다는 거푸집에서 보는 바와 같이 불에 달구어진 흔적으로 보아, 슴베나 투겁 쪽에 이들보다 더 크게 점토로 만든 타원형의 주입 시설을 만들어 붙여서 쇳물을 부어 넣기 쉽게 하였음을 알 수 있다.

도끼나 투겁창 또는 종방울·방울과 같이 투겁이 있거나 속이 빈 것은 점토나 주물사 등으로 만든 속틀[內型]이 필요하다. 속틀은 겉틀[外

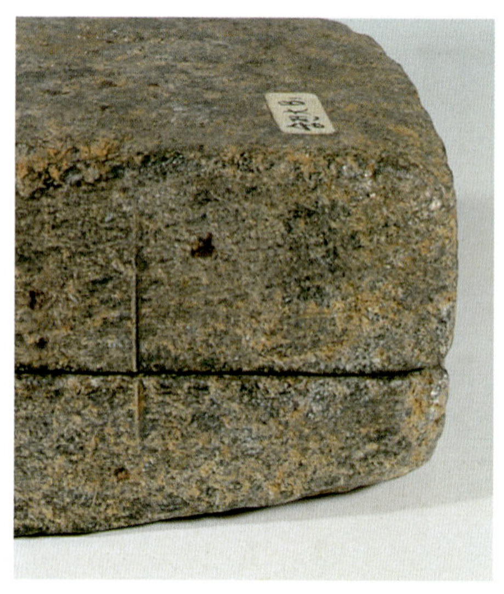

**거푸집 눈금** 거푸집은 통상 2매를 합쳐서 사용하기 때문에, 거푸집의 옆면에는 서로 어긋하는 것을 방지하기 위하여 눈금을 새겨 두었다.

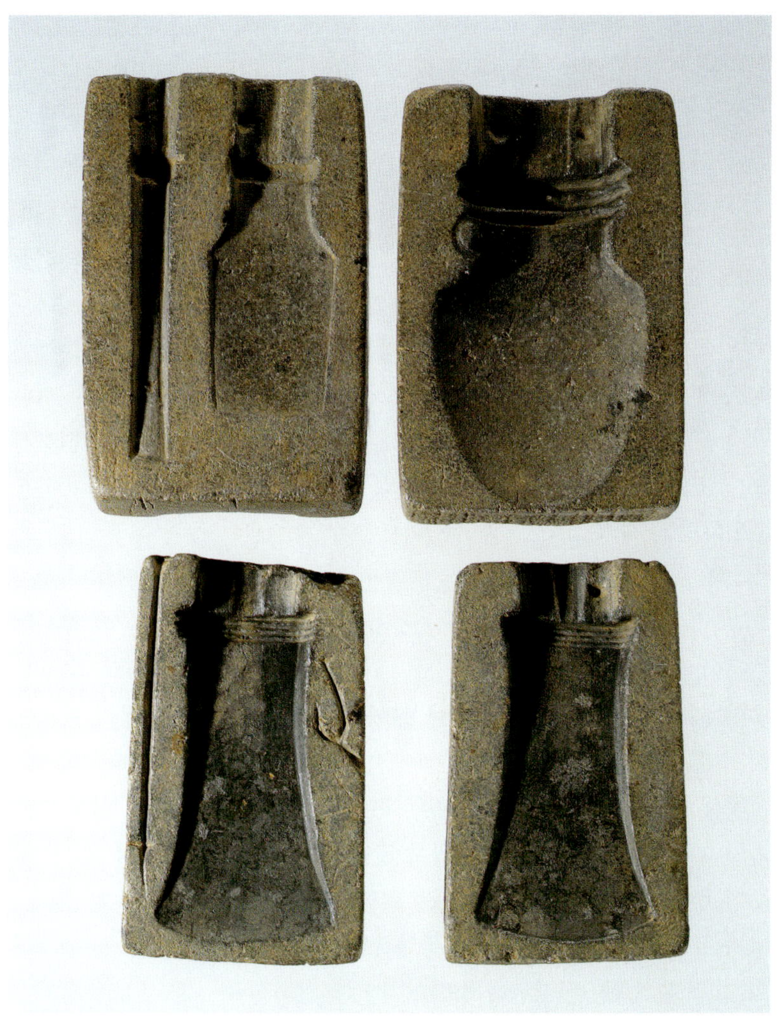

**거푸집 세부(도끼 상부)**  투겁도끼는 도끼자루를 끼우기 위해 내부에 자루를 끼울 공간이 마련되어야 한다. 따라서 거푸집의 투겁 바로 위쪽에는 공간을 만들기 위한 속틀이 매달릴 수 있도록 조그만 홈이 파여 있다.

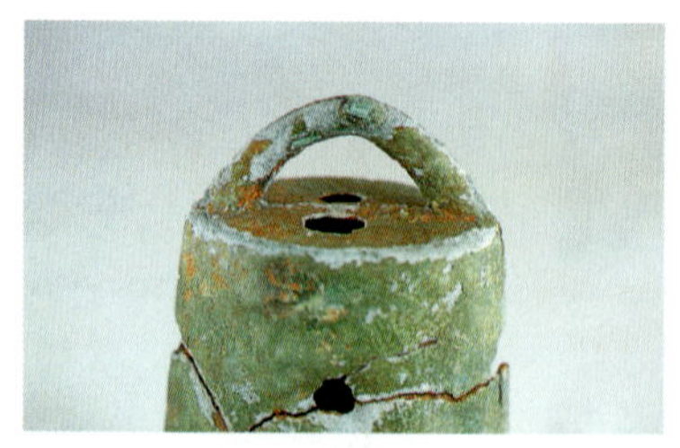

**종방울 고정못 자국(구멍)** 종방울은 속이
비어 있어야 하기 때문에 제작시 속틀이
필요하고, 이 속틀을 거푸집에 고정하기
위해서는 흙으로 된 고정못이 사용되는데
종방울에서 보이는 작은 구멍들은 바로 이
러한 고정못의 자국이다.

型]에 닿지 않아야 흠[鑄損]이
나지 않으므로, 투겁을 만들 경
우에는 영암에서 출토되었다는
도끼 거푸집처럼 속틀의 형태를
위쪽(투겁 쪽)의 폭이 넓고 아래
쪽(날 쪽)의 폭이 좁은 사다리꼴
로 만들고, 주입구도 아래쪽으
로 갈수록 좁게 만들어 속틀이
밑으로 내려가지 않도록 하였다.
또한 주입구의 한쪽 옆면에는 두
개의 좁은 홈을 만들어 속틀을
고정시키는 데 도움이 되게 하였다.

속틀을 고정시키기 위해서는 고정못[型持]이 주로 사용되었다. 고정
못은 속틀과 겉틀을 연결하여 고정시키게 되므로 제품에는 이 부분에
쇳물이 닿지 않아 구멍이 나게 된다. 종방울의 몸체나, 쌍두령 같은 방
울의 자루 쪽에 나 있는 네모난 구멍은 바로 이러한 고정못의 자국이
다.

방울류에서 보이는 길게 찢어진 구멍은 방울 소리가 날 수 있도록 속
틀의 진흙이나 주물사를 긁어내게 하였지만, 삿갓형동기에서 볼 수 있
듯이 투겁 쪽만 흙으로 된 속틀을 긁어내고 삿갓부 쪽의 속틀은 그대로
남겨 둔 것도 있다. 이것은 청동 원료의 양은 줄이면서도 무게는 제대
로 갖출 수 있게 한 고안이라고 여겨진다.

한편 전남 화순 출토 쌍두령의 자루 쪽 내부에서 볼 수 있는 바와 같
이 속틀이 주물사로 되어 있는 것도 있는데, 속에 빈 공간을 만들 필요
가 없는 부분을 비워 놓은 것은 역시 원료를 절약하기 위한 것으로 추
측된다.

거푸집의 새겨진 면들을 살펴보면 앞뒤 양면을 이용한 것이 있고, 한 면에 두세 개 제품의 형태를 새겨 하나의 거푸집으로 여러 개의 제품을 주조할 수 있도록 한 것도 있다. 또한 낚싯바늘이나 단추 거푸집에서 보는 바와 같이 두 개의 형태를 위아래 일직선상에 놓아 한 번에 두 개를 주조할 수 있도록 한 것도 있다.

석제 거푸집 이외에 토제 거푸집도 많이 사용되었으리라고 추측된다. 고운무늬거울의 경우 아직까지 거푸집이 발견된 바 없고 강원도 양양 출토 청동거울에서 보듯이 문양을 고친 부분도 있어 토제 거푸집으로 제작하였을 가능성이 높다.

간두령·쌍두령·팔주령 등의 방울은 모두 한 쌍으로 이루어져 있으나 크기나 문양으로 보아 같은 거푸집으로 만든 것은 한 점도 보이지 않는다. 제작하기 힘든 방울류 한 쌍을 따로따로 제작한 점도 이들이 석제 거푸집이 아닌 토제로 제작되었음을 말해 준다.

토제 거푸집이기는 하나 밀랍형에 의해 제작된 것으로 여겨지는 청동기도 있다. 이러한 것에는 의기류가 많은데, 기면이 곡면을 이룬 검파형동기·방패형동기 등은 석제 거푸집으로는 조각하기 힘든 문양들이 표현되어 있고 둥근 고리가 달린 꼭지에도 이음새가 보이지 않는 것으로 보아 밀랍형에 의해 제작되었으리라 추측된다.

무늬의 조각은 거푸집에 직접 새기거나 밀랍형에 새겨지는데, 일부는 무늬 도장(圖章)을 사용한 것으로 보인다. 경주 죽동리 출토 간두령 한 쌍은 크기가 다르지만 문양은 일그러진 형태까지 똑같아 무늬 도장이 사용되었음을 알 수 있으며, 의기류에서 보이는 양각·음각 문양도 이러한 무늬 도장이 사용된 것으로 추정된다. 무늬 도장의 사용 흔적은 요령식동검문화의 T자형 손잡이에서도 찾아볼 수 있다.

# 제품의 보수

　주조 과정에서 기술이 부족해 거푸집이 잘못 제작되거나 그밖의 결함이 있을 때는 무늬가 뚜렷하게 나타나지 않거나 쇳물이 닿지 않은 부분이 생겨 제품에 구멍이 나거나 그 일부분이 결실되는 경우가 생기며, 또한 제품이 제작된 뒤에도 사용하다가 부러지거나 깨지는 수가 있다. 이러한 경우 보수를 하게 되는데, 보수에는 지워진 무늬를 새로 그려 넣는 것〔補刻〕과 땜질이 대표적인 기법이다.

　현재까지 무늬를 새로 그려 넣은 것이 확인된 예는 황해도 신천에서 출토되었다고 전하는 요령식동검의 손잡이뿐이다. 땜질 뒤 갈고 새로 그려 넣어서 땜질 부위가 주위 무늬와 어울리게 하였으나 정교하지 않아 쉽게 구분할 수 있다. 강원도 양양 출토 고운무늬거울에서 무늬가 고쳐진 부분은 새로 그려 넣은 것이 아니고 주조 전에 거푸집 자체의 손상된 부분을 수리한 것이다.

　땜질은 구멍이 뚫린 것이나 부러져 파손된 것을 고치는 것으로 보수 기법 가운데 가장 일반적으로 사용되어 왔다. 청동기시대 전반에 걸쳐 사용되었음은 물론 고려와 조선 초까지 계속되었다. 땜질 기법은 동검을 비롯해 꺽창·거울·삿갓형동기·고리 등 거의 모든 동제품에 사용되었다. 땜질은 대체로 땜질할 부위의 뒷면을 점토 등으로 막은 뒤 표면에는 그 주위로만 점토를 돌리고 쇳물을 부어 메운 뒤 표면을 갈아서 한 것이 많다.

　땜질 기법은 크게 네 종류로 나눌 수 있다. 첫째는 일반적인 땜질법으로 구멍이나 파손된 부위만을 땜질한다. 잘 보이지 않는 이면은 땜질 부위보다 약간 넓혀서 빠지지 않게 하였다. 둘째는 고리나 꺽창집〔銅戈鞘〕 등에서 보이는 것과 같이 땜질 부위의 한쪽 면을 톱니바퀴 형상으로 더 깎아낸 뒤 땜질하는 방법이다. 이 방법은 구멍난 곳에 사용한

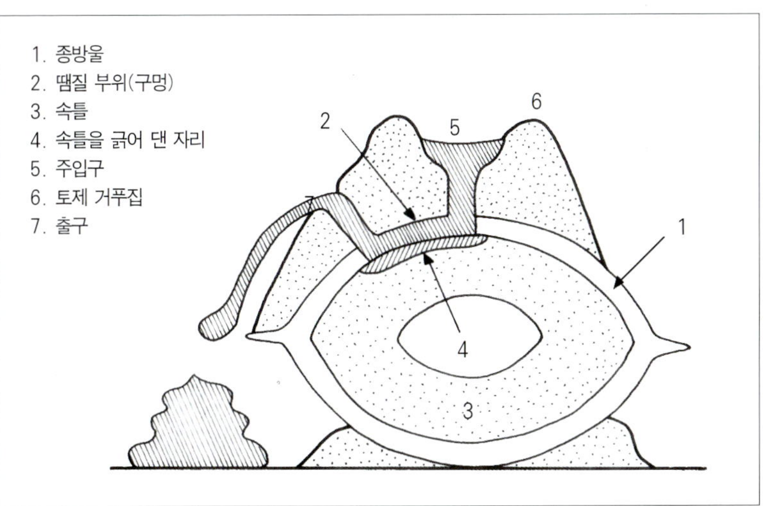


**종방울의 땜질 도면**  출전:中口裕, 『實驗考古學』(위)

**동검의 땜질자국**  청동기를 만들 때 쇳물이 닿지 않은 부분에 구멍이 생기는 경우가 있다. 이때는 구멍이 난 부분을 흙으로 막고 다시 쇳물을 부어 땜질을 하게 된다. (오른쪽)

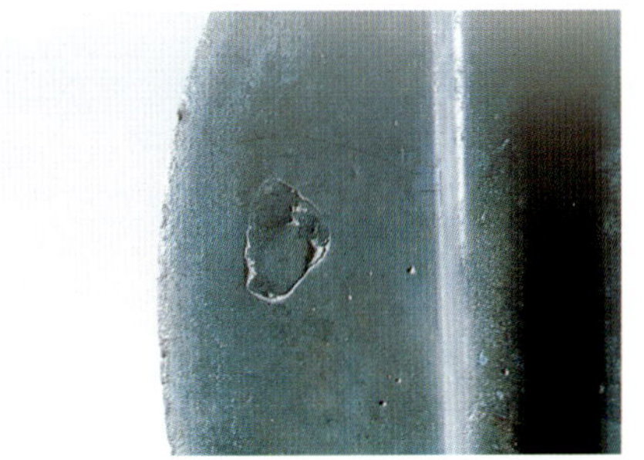

것이 아니고 대체로 동기의 한쪽 옆면이 떨어져 나간 곳을 땜질할 때 사용한 것으로 톱니바퀴 형상은 옆으로 빠져 나가지 않도록 하기 위한 고안이다. 셋째로 역시 고리에서 보이는 방법으로 조그마한 반원형의 귀 형태를 가진 땜질이다. 이 방법 역시 옆으로 빠져 나가는 것을 방지하기 위한 고안이다. 넷째로 부러진 부위의 양쪽 면에서 조그마한 수리 구멍을 파서 연결하는 원두은장 이음법이다. 이것은 부러진 것을 잇기 위한 방법이다.

　이들 기법 가운데 세 번째 기법은 일본 청동기의 땜질에서도 많이 찾아볼 수 있다. 이 밖에 남성리 출토 검파형동기, 동서리 출토 나팔형동기에서 보이는 바와 같이 절단된 부분을 보수 기법으로 수리하거나, 보수 기법은 아니지만 분리된 부분에 못(rivet)을 박아 분리된 부분을 연결하는 방법도 있다.

# 맺음말

한 시대의 문화상을 제대로 이해한다는 것은 지극히 어려운 일이다. 문화는 인간의 행위에 관한 모든 것을 담고 있기 때문이다. 청동기시대의 문화에 대한 것도 마찬가지이다. 고고학적인 자료를 통해 복원해 보는 것도 결국은 지나간 사상의 극히 일부에 불과하다. 과거의 증거가 되는 자료를 최대한 확보하기 위해서는 지리적·인문적 환경까지를 포함한 가능한 모든 것을 채집하여야 한다. 다행히 최근의 발달된 자연과학의 도움을 받아 많은 불가시(不可視)한 부분이 밝혀지고 있어, 과거 인류사의 복원에 큰 힘을 얻고 있다.

청동기시대는 사회에 원동력을 제공한 야금술의 출현으로 정치·경제·사회·문화의 모든 분야가 전반적으로 발전한 시기이다. 장기간에 걸친 실험과 수많은 시행 착오 끝에 이루어낸 야금술의 발견은 인류를 진정한 과학 기술의 시대로 들어서게 하였다. 청동기를 만들고 다루는 복잡한 과정에서 얻어진 각종 지식은 전문적인 분업을 가능하게 하였으며, 무엇보다도 인간 사고의 범위를 넓혀 새로운 영역에 도전할 수 있게 하였다. 지식의 진보로 인해 생활을 영위하기 위한 인간 자신의 노동력은 자연의 힘과 동물의 힘을 이용해 대체하여 사용할 수 있게 되었으며, 이러한 데서 얻어진 잉여 에너지와 여가는 기술, 신앙, 교역, 미술 등 각 분야에 혁명적인 변화를 가져오게 되었고 결국은 복합 사회로 들어서는 데 큰 역할을 하였다.

앞에서 살펴본 바와 같이 우리나라의 청동기 문화도 세계의 흐름과 다름없이 이러한 과정을 겪어 왔다. 특히 중국의 동북 지방을 비롯해 대륙으로부터 끊임없이 새로운 문화를 받아들이면서도 이를 나름대로 소화시켜 우리 특유의 한국식이라고 부를 수 있는 청동기 문화를 형성하였고 다시 이를 일본에 전하였다.

청동기 문화는 우리의 고대 국가, 특히 고조선의 형성과도 깊은 관련이 있는 것으로 보인다. 보다 체계적인 이론과 문제 의식을 가지고 우리 청동기 문화의 내용을 파헤치고 또 그 안에 담겨져 있는 의미를 추론해 나가는 작업이 앞으로의 과제라 하겠다.

─ 부 록 ─  용어 설명

# 부록 – 용어 설명

**가락바퀴**〔紡錘車〕 실에 꼬임을 주면서 나무 축에 감기 위한 도구. 바퀴 모양으로 둥글게 생겼으며, 가운데에 구멍이 나 있어 축을 끼울 수 있다.

**간두령**(竿頭鈴) 투겁이 달린 포탄형의 기름한 방울. 팔주령, 쌍두령, 조합식쌍두령과 함께 출토되는 경우가 많다. 특별한 무속 행사에 사용된 것으로 보인다.

**갈돌**〔磨石棒〕 갈판과 한 조를 이루어 곡식이나 열매를 갈 수 있는 가는 연장.

**갈판**〔碾石〕 갈돌과 한 조를 이루어 곡식이나 열매를 갈 수 있도록 한 석기로, 밑에 놓인 돌판.

**거친무늬거울**〔粗文鏡〕 끈을 꿰어 매달 수 있는 꼭지가 두세 개가 달린 다뉴경(多鈕鏡)의 하나로, 거울 뒷면의 무늬가 주로 굵은 선으로 이루어진 거울. 무늬는 번개무늬와 별무늬가 많다.

**검파형동기**(劍把形銅器) 칼자루나 대나무를 길이로 쪼갠 듯한 모양의 청동기. 사슴이나 손 같은 무늬가 새겨진 것으로 보아 의기였음을 짐작할 수 있다.

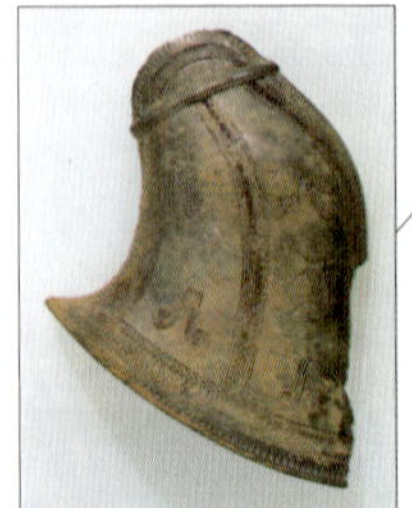

**견갑형동기**(肩甲形銅器) 어깨가리개처럼 생긴 청동기. 검파형동기와 마찬가지로, 새겨진 무늬 등으로 보아 의기로 여겨진다.

**고상가옥**(高床家屋) 집자리(바닥)가 지상에서 떠 있는 집. 기둥이 서 있고 그 기둥의 중간부 위쪽에 집이 설치되어 있는 형식. 대체로 곳간이나 궁전 또는 신전 등이 고상가옥으로 만들어졌다.

**고운무늬거울**〔精文鏡〕 거친무늬거울처럼 끈을 꿰어 매달 수 있는 꼭지가 두세 개 달린 다뉴경의 하나로, 거울 뒷면의 무늬가 곱고 가는 선으로 이루어진 거울. 무늬는 태양무늬가 많고 거친무늬거울보다 늦은 시기에 만들어졌다.

**곤봉두(棍棒頭)**　가운데에 구멍이 뚫려 자루를 끼울 수 있도록 된 곤봉 머리로 지름 10~15센티미터 가량의 둥근 원판 모양과 톱니날 모양이 있다.

**곰배괭이**　돌을 적당히 다듬어 만든 凸자형의 농기구. 경작하는 데 사용하였다.

**곱은옥〔曲玉〕**　구부러진 모양의 옥으로 대개 한쪽 끝에 매달기 위한 구멍이 뚫려 있다.

**금석병용기(金石併用期)**　석기와 청동기 또는 철기 등의 금속 제품이 함께 사용되었던 시기이다.

**꺽창〔戈〕**　찍거나 베는 데 사용한 무기의 일종으로, 자루가 창몸과 직각이 되게끔 결합해서 사용하였다.

**껴묻거리〔副葬品〕**　주검을 묻을 때 같이 넣는 여러 가지 그릇이나 연장 또는 장신구들.

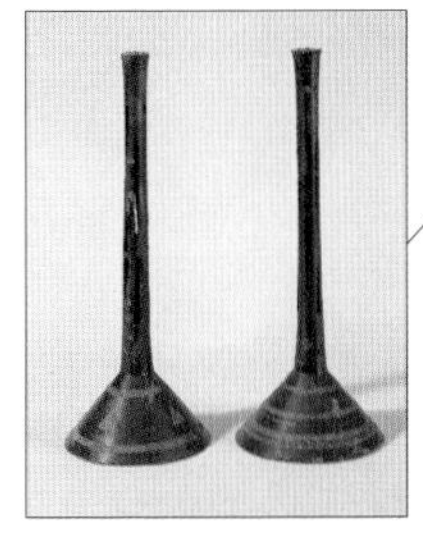

**나팔형동기(喇叭形銅器)**　나팔 모양의 청동기이며 한 쌍으로 되어 있다. 중국 요령 지역에서는 말머리 장식으로 사용되었으나 우리 나라에 와서는 그 용도가 바뀌어 의기로 사용되었을 것으로 추측된다.

**농경문청동기(農耕文靑銅器)**　방패 모양의 작은 청동기로 한쪽 면에는 밭을 가는 장면과 곡식 같은 것을 담는 그림이 새겨져 있고, 다른 쪽 면에는 나뭇가지 위에 새가 앉아 있는 장면이 묘사되어 있다. 농경 의례에 사용되었다.

**대롱옥〔管玉〕**　대롱 모양의 장식 옥으로 길게 구멍이 나 있다. 푸른 벽옥으로 만든 것이 많으며 여러 개를 이어서 목걸이나 머리 장식으로 사용하였다.

**띠고리손잡이〔帶狀把手〕**　토기에 붙은 띠 모양의 넓적한 손잡이.

**맞배지붕** 지붕의 양 측면이 막 잘려 나간 지붕.

**물레**〔陶車〕 한 번에 수십 번의 회전이 가능하도록 만든 도구로 토기를 만들 때 사용하였다.

**미늘**〔逆刺〕 창이나 화살촉 같은 무기의 날이나 밑둥에 난 갈고리 또는 뾰족한 돌기로 물체에 박히면 빠지기가 어렵다.


**바탕흙**〔胎土〕 질그릇의 원료가 되는 흙.

**반달칼**〔半月形石刀〕 곡물의 이삭을 따는 데 사용한 연장으로, 반달 모양 이외에도 장방형, 삼각형, 빗 모양 등이 있는데 모두 반달칼에 포함시킨다.

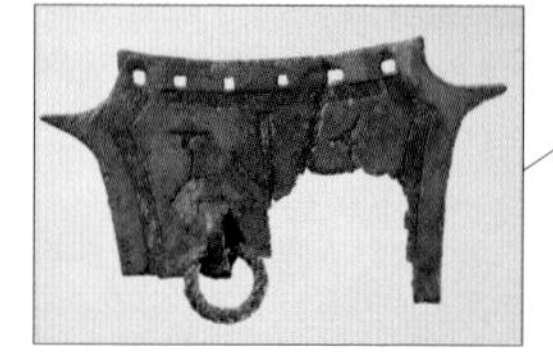

**방패형동기**〔防牌形銅器〕 방패 모양의 작은 청동기로, 의기로 사용되었다. 농경문청동기도 방패형동기에 속한다.

**부챗날도끼**〔扇形銅斧〕 도끼의 머리 부분에서 날 쪽으로 넓게 퍼져 부채 모양의 날을 이루는 작은 도끼. 한쪽 면에만 날이 있는 것이 많아 도끼라기보다는 자귀로 생각된다.

**빗살무늬토기**〔櫛文土器〕 우리나라 신석기시대의 대표적인 토기. 그릇 표면에 빗살 같은 것으로 그은 듯한 무늬와 점선무늬 등이 베풀어져 있다.

**뿌리나래살촉**〔有莖鏃〕 슴베(칼이나 낫 등에서 자루 속에 들어 박히는 부분)가 달려 있는 화살촉 형식.


**『삼국지(三國志)』「위서(魏書)」'동이전(東夷傳)'** 중국 진(晋)나라의 진수(陳壽)에 의해 편찬된 중국 삼국시대에 관한 사서. 『삼국지』의 위서라는 뜻에서 '위지(魏志)'라고도 불리며, 이 안에 들어 있는 동이전에 우리 삼한시대의 생활상이 기록되어 있어 우리 역사 해명에 필수불가결한 기록이다.

**서단산문화(西團山文化)** 중국의 길림·장춘 지역을 중심으로 한 청동기 문화.

**수레 부속구**〔車輿具〕 수레에 딸리는 부속구.

**실랍법(失蠟法)**  주조법 가운데 하나로, 밀랍으로 원형을 만든 뒤 점토를 씌워 불에 구우면 밀랍은 빠져 나오게 되고 그 속에 쇳물을 부어 넣어 제품을 만드는 방법이다.

**십자일광문(十字日光文)**  우리나라 청동기에 많이 보이는 문양으로, 우주와 태양을 상징한다.

**쌍두령(雙頭鈴)**  가지의 양단에 조그만 원형 방울이 한 개씩 달린 아령 모양의 방울.


**야요이시대(彌生時代)**  일본 선사시대의 시대 구분 가운데 하나. 조몬(繩文)시대와 고분(古墳)시대 사이에 위치한다. 기원전 4~3세기경부터 기원후 3세기경까지 해당하며 우리나라 청동기 문화와 관계가 깊다.

**연화보(蓮花堡) 유적**  중국 요동성 무순(撫順) 시에 위치한 전국시대 만기 유적. 주조 쇠도끼를 비롯해 쇠끌 · 반달쇠칼 · 쇠낫 등이 출토되었다.

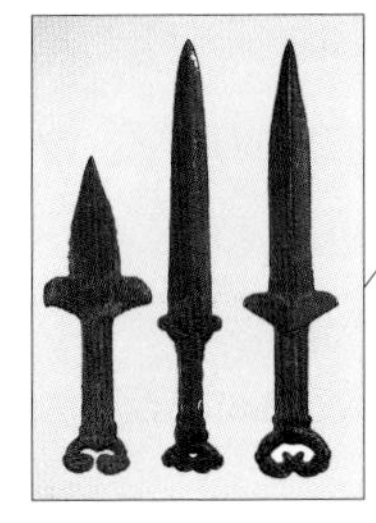

**오르도스 청동기 문화**  중국 북방 섬서 · 산서성의 북부와 내몽고자치구의 일부를 포함하는 황하의 굴곡부를 중심으로 한 청동기 문화로 시베리아와 남러시아의 유목 문화와 관련이 깊다.

**오수전(五銖錢)**  중국 한(漢)대에 주로 사용된 동전. 한 무제(武帝, 재위 기원전 141~기원전 88년) 때 제작되기 시작하여 수나라 때까지 유통되었다. 오수는 무게를 나타내는 단위로 원래 1수(一銖)는 한 량〔一兩〕의 1/24이다.

**용산문화(龍山文化)**  중국 선사시대 문화의 하나. 광택 있는 흑도가 대표적이며, 섬서 · 산서 · 하남 · 산동성에 걸쳐 발견된다.

**우진각지붕**  네 개의 추녀 마루가 동마루에 올려 붙은 지붕.

**원개형동기(圓蓋形銅器)**  한쪽 표면이 볼록하게 튀어나온 원판형의 청동기로 표면 위쪽에 치우쳐 꼭지가 한 개 달려 있다. 꼭지에 고리를 매어 징같이 두드려 소리를 내는 악기와 같은 역할을 한 일종의 무구(巫具)로 여겨진다.

**원삼국시대(原三國時代)**  우리나라 선사시대와 역사시대 사이에 위치하는 시대. 삼국시대의 원초기(原初期) 또는 원사(原史, 주변 국가의 역사 기록을 통해 자기네 나라의 역사를 살필 수 있는 내용) 단계의 삼국시대라는 뜻.

**이음식 낚싯바늘**〔結合式釣針〕  낚싯바늘의 허리(축) 부분과 미늘이 있는 갈고리부가 따로 만들어져 서로 결합해 사용하게끔 되어 있는 것.

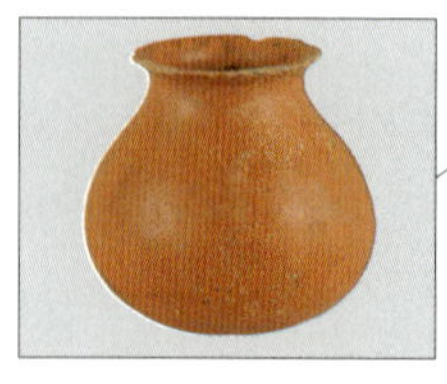

**적색마연토기**〔赤色磨研土器, 紅陶〕  토기의 표면에 산화철을 바른 뒤 문지르고 나서 구워 붉게 발색이 이루어진 토기. 홍도 또는 붉은간토기로도 부른다.

**절대연대(絕對年代)**  고고학 연대결정법의 하나. 연대가 확실한 유물(동전이나 연대가 적혀 있는 유물)로 결정하는 방법과 과학적인 방법이 있다.

**제염토기(製鹽土器)**  소금을 만들 때 사용한 토기로 우리나라에서는 아직 발견된 바가 없다.

**조개무지**〔貝塚〕  고대인이 먹고 버린 조개류의 껍질이 쌓여 층을 이룬 생활 유적.

**조합식쌍두령(組合式雙頭鈴)**  구부러진 가지 끝에 소형 방울 하나가 달린 것 두 개를 교차해 결합한 형식의 방울. 청동 의기 중의 하나.

**주조(鑄造)**  쇳물을 틀에 부어 제품을 만드는 방법.

**중원 지역(中原地域)**  한족(漢族)의 발상지인 황하 유역 즉 지금의 하북·하남·섬서·산동 지방 일대.

**칼자루끝장식**〔劍把頭飾〕  동검의 자루 끝에 붙이는 돌이나 청동으로 된 장식. 칼로 찌를 때 힘을 더하기 위한 가중기(加重器)의 역할을 하였다는 설도 있다.

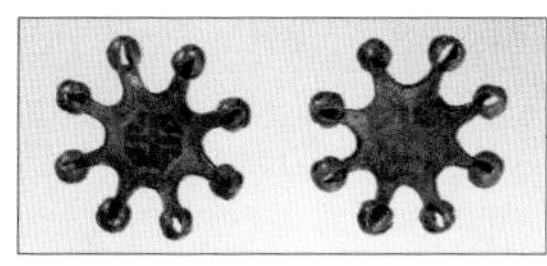

**팔주령**(八珠鈴)  청동 의기인 방울류의 하나. 여덟 개로 이루어진 가지 끝에 각각 작은 원형 방울이 하나씩 달린 것으로 두 개가 한 조를 이룬다.

**피홈**〔血溝〕  공격 무기의 표면에 나 있는 길쭉한 홈으로, 상대를 찔렀다가 뺄 때 쉽게 뺄 수 있도록 한 고안.

**하가점상층문화**(夏家店上層文化)  중국 요령성의 요하 이서 지방과 하북성 북부 일대를 중심으로 한 지역의 청동기 문화. 오르도스 청동기 문화를 바탕으로 중원 지역의 청동기 문화를 받아들여 독자적인 문화로 발전하였다.

# 참고 문헌


## 한국어

국립중앙박물관, 『한국의 청동기 문화』 특별전도록, 범우사, 1992.

국사편찬위원회, 「청동기 문화와 철기 문화」 『한국사』 3, 1997.

김원룡, 『한국 고고학 개설』, 일지사, 1986.

김원룡 외, 『청동기시대와 그 문화』, 삼성 문화문고, 1977.

박진욱, 『조선 고고학 전서』 고대편, 과학백과사전종합출판사, 1988.

심봉근, 『한국 청동기시대 문화의 이해』, 동아대학교출판부, 1990.

윤무병, 『한국 청동기 문화 연구』, 예경산업사, 1991.

임병태, 『한국 청동기 문화의 연구』, 학연문화사, 1996.

전영래, 『한국 청동기시대 문화 연구』, 신아출판사, 1990.

황기덕, 『조선의 청동기시대』, 사회과학출판사, 1984.


## 중국어

郭寶鈞, 『中國靑銅器時代』, 生活・讀書・新知三聯書店, 1963.

李佰謙, 『中國靑銅文化結構體系研究』, 科學出版社, 1998.


## 일본어

小林行雄, 『日本考古學槪說』, 東京創元社, 1976.

韓炳三, 『韓國の古代文化』, NHK人間大學, NHK出版, 1995.

韓炳三・小田富士雄, 『日韓交涉の考古學』 彌生時代篇, 六興出版,
　　　1991.

## 영어

V.Gordon Childe, *Man makes himself*, Moonraker Press, 1981.

Michael Roaf, *Cultural Atlas of Mesopotamia and the Ancient Near East*, Equinox, 1990.

빛깔있는 책들 102-50

# 청동기 문화

글·사진 —이건무

발행인 —장세우
발행처 —주식회사 대원사

기획·편집 —김옥자, 박상미, 최명지,
　　　　　　김민정
미술 —강미옥, 위명자, 이은경
총무 —이훈, 이규헌, 정광진,
　　　　강승찬
영업 —김기태, 문제훈, 강미영,
　　　　이광복, 한은영
이사 —이명훈

첫판 1쇄 —2000년 6월 25일 발행
첫판 2쇄 —2006년 4월 30일 발행

주식회사 대원사
우편번호/140-901
서울 용산구 후암동 358-17
전화번호/(02) 757-6717~9
팩시밀리/(02) 775-8043
등록번호/제 3-191호
http://www.daewonsa.co.kr

이 책에 실린 글과 그림은, 글로 적힌
저자와 주식회사 대원사의 동의가 없
이는 아무도 이용하실 수 없습니다.

잘못된 책은 책방에서 바꿔 드립니다.

ⓦ 값 13,000원

Daewonsa Publishing Co., Ltd.
Printed in Korea(2000)

ISBN 89-369-0239-3 04900

# 빛깔있는 책들

## 민속(분류번호 : 101)



## 고미술(분류번호 : 102)



## 불교 문화(분류번호 : 103)



## 음식 일반(분류번호 : 201)